ग़ज़ल झरना

ग़ज़ल झरना

मुज़फ़्फ़र हनफ़ी

वाणी प्रकाशन

वाणी प्रकाशन

4695, 21-ए, दरियागंज, नयी दिल्ली 110 002

शाखा

अशोक राजपथ, पटना 800 004

फ़ोन : +91 11 23273167 फ़ैक्स : +91 11 23275710

www.vaniprakashan.in
vaniprakashan@gmail.com
sales@vaniprakashan.in

GHAZAL JHARNA
by Muzaffar Hanfi

ISBN : 978-93-87330-85-6
Ghazals

प्रथम संस्करण

मूल्य : ₹ 425

सिटी प्रेस, दिल्ली-110 095 में मुद्रित

वाणी प्रकाशन का लोगो मक़बूल फ़िदा हुसेन की कूची से

आज मुज़फ़्फ़र जिसको देखो अपनी ग़ज़लों में
मेरे शेरों के पैवन्द लगाता रहता है

पेश लफ़्ज़

कोई पच्चीस बरस पहले की बात है। मैं लखनऊ में था और देशाटन बल्कि आवारगी बेहतर शब्द है, मुझे अगले पड़ाव बंगाल ले जा रही थी। मेरे बुज़ुर्ग दोस्त वाली आसी साहब ने कहा, "बंगाल जा रहे हैं तो कलकत्ता ज़रूर जाइयेगा और मुज़फ़्फ़र हनफ़ी साहब से मिलिएगा" कलकत्ता पहुँचकर मुज़फ़्फ़र हनफ़ी साहब की तलाश में भटका।

मोबाइल का ज़माना नहीं था। किसी तरह नम्बर दस्तयाब हुआ। कॉल की और अपना स्वाभाविक अभिवादन "बन्दगी अर्ज़ करता हूँ", कह के हाज़िरी लगायी। उधर से बहते हुए शफ़्फ़ाफ़ पानी की सी मीठी आवाज़ आयी। "उत्तर प्रदेश से तशरीफ़ लाये हैं?" लफ़्ज बन्दगी को लपक लेना और उसके ज़रिये सलीक़े से धुले-मँझे लहजे की दाद देना उसी शख़्स का काम है, जो ख़ुद भी इसी राह का राही हो।

मनुष्य के विकास की यात्रा 'तमसो मा ज्योतिर्गमय' के सूत्र की राह से भली प्रकार व्यक्त की जा सकती है। मनुष्य जंगलों से बेहतर जीवन के लिए लड़ता-भिड़ता, टक्करें खाता, टक्करें मारता आगे बढ़ा और सभ्य होता गया। सभ्य यानी संघर्षों के माध्यम से विचारशील और लोकतान्त्रिक होते जाने की यात्रा। ज़ाहिर है यह टक्करों से किसी पत्थर का अपने तीखे कोने घिसकर शालिग्राम बनने का सफ़र है। इस विचारशीलता का सबसे प्यारा परिणाम काव्य है और उसकी भारतीय उपमहाद्वीप में सबसे ख़ूबसूरत कृति ग़ज़ल है। ग़ज़ल शायरी के ख़ज़ाने का सबसे जगमगाता हुआ हीरा है। ऐसा हीरा जिसकी चमक सैकड़ों किरणों का नाच इस तरह दिखाती है कि सभी की आँखें जगमगा उठती हैं। इस स्तर के हीरों की सबसे अच्छी खदानों में से एक मुज़फ़्फ़र साहब के पास है।

उनके अशआर में उदासी-ख़ुशी, उत्साह-निराशा, सुख-दुख, कल-आज-कल के बिम्ब इतने सटीक, इतने चमकते हुए हैं कि उनकी तुलना हीरों से ही की जा सकती है और यह काम आसान न था। मुज़फ़्फ़र हनफ़ी साहब की शायरी ने जिस दौर में आँख खोली, वो प्रगतिशीलता के बिखरने और जदीदियत के शुरू होने का काल है। जदीदियत के स्वयम्भू सेनापति शम्सुर्रहमान फ़ारूक़ी साहब ने इस यात्रा-पथ को नया बनाने के चक्कर में परम्परा की दीवारें इतनी ताबड़-तोड़ ढाई थीं, आलोचना के ऐसे विकट बुलडोज़र चलाये थे कि शायरी के महल की नीवें ही खुद जाने का ख़तरा आ खड़ा हुआ था। भयानक उठा-पटक से चारों ओर घना गर्दो-गुबार छाया हुआ था। विचित्रता, वाचालता, अपरिपक्वता, वाचिक हेरा-फेरी का दौर था। करतूतों को करतब बताया-दिखाया ही नहीं जा रहा था, अपितु मनवाया-माना भी जा रहा था। मुर्ग़ा, कुत्ता, भैंस, टार्ज़न जैसे बिम्ब ग़ज़ल के बाड़े में छोड़ दिये गये थे और अब बाड़े में हाहाकार मचा हुआ था। तज़वीज़ फ़ारूक़ी साहब की ही थी इसलिए वो उससे इनकार भी नहीं कर सकते थे। उनके हाथ से लगाम छूट कर छुटभइयों के हाथ में आ चुकी थी और वो अब इस विध्वंस को देखने-सहने के लिए मजबूर थे।

यहाँ से शुरू होता है मुज़फ़्फ़र हनफ़ी साहब का सफ़र। महानगरीय सभ्यता का विस्तार शुरू हो चुका था। परिवार में बिखराव आने लगा था। विषमताओं का अन्तर बढ़ता जा रहा था। मुज़फ़्फ़र हनफ़ी साहब की शायरी ने बिम्बों, प्रतीकों के ज़रिये आधुनिक जीवन के हर पहलू को छुआ मगर इसके लिए ग़ज़ल के पारम्परिक विन्यास को ध्वस्त नहीं किया। इस दौर में व्यष्टि और समष्टि की टूटन-बिखरन को जिस धुले-मँझे लहजे में उन्होंने व्यक्त किया वो ग़ज़ल के किसी मँझे हुए शायर का ही काम है। मुज़फ़्फ़र हनफ़ी साहब की शायरी में उदासी के बहुत ख़ूबसूरत मंज़र हैं। इतने ख़ूबसूरत कि उदासी से प्यार हो जाये। इस किताब से कुछ शेर देखिये :

झूट कहते हो कि ऊँचा है तुम्हारा आसमाँ
इब्तिदा से ही मिरे सर पर नहीं था आसमाँ

सर पे इतना बोझ कैसे आ गया
हम यहाँ दो दिन को जीने आये थे

मुन्तज़िर था बाग़ खिड़की से मुज़फ़्फ़र देखता
दर्द ने मुहलत नहीं दी कौन बाहर देखता
घर मिला है जिस्म के जंगल में चौदह साल बाद
जिसमें दो मुट्ठी हवा है हाथ भर का आसमाँ
बुलन्दियों से जो अपने मकान को देखा
पलट के फिर न कभी आसमान को देखा

जीवन के लिए कई बार अनिवार्य समझौते करने पड़ते हैं और असहायता का अहसास दबोचता है। सारी योजना, सारी कोशिशें हो चुकने के बाद भी सिर्फ़ निराशा, वीरानी हाथ लगती है। इस वीरानी को भी ख़ूबसूरत शक्ल दे देना बड़ा काम है। आइये कुछ शेर देखें :

साये में बैठने की जगह सोचते हैं हम
पहुँचा नहीं दरख़्त का साया कहाँ-कहाँ
मिरा ज़ख़्म बढ़ जायेगा और कुछ
अगर अब ये नेज़ा निकाला गया
अब इतना ख़ुश भी न हो ढा के चार दीवारें
बदन-फ़सील में इक शहरे-जाँ भी पड़ता है
इसी बिना पे सब अहबाब ने किनारा किया
कि हमने धारे में बहना नहीं गवारा किया
आप दरिया के साथ जाते हैं
और वो लौटकर न आया तो

मगर यह टूटना-बिखरना जीवन की पराजय के संकेत नहीं हैं। मुज़फ़्फ़र हनफ़ी साहब की शायरी में एक शक्तिशाली अस्मिता, जिजीविषा अपनी नियति को तय करना चाहती है। आत्मविश्वास से भरे शेर बदलाव के लिए आवाज़ देते हैं। ऐसा गहरा संकल्प हिलोरे लेता दिखाई पड़ता है जो ज़िन्दगी की जीत का यक़ीन दिलाता है :

आसमानों पे यलग़ार होगी कभी
लोग अपने पे कब तक तरस खायेंगे
दामन झटकने वाले ज़रा एहतियात से
दामन की धज्जियाँ न उड़ा दें सवाली हाथ

है तो हो सामने सामान परेशानी का
हौसला भी तो परेशानी पे रक्खा हुआ है
मिरे सर में ग़ज़ब शोरीदगी थी
तिरी दीवार में दाग़ आ गया ना
गिरता है आसमान सँभालो ज़मीन को
आओ इधर लगाओ कमर देखते हो क्या
नदी को बाँध समन्दर से दूर रखते हैं
वो इन्तिकाम का सामान तो करेगी मियाँ

शायरी की परिपक्वता की कसौटी यह भी है कि शेर अपनी कहन में इतना भरपूर हो कि मंज़र की शक्ल ले ले, पेंटिंग बना दे। इस किताब में जगह-जगह यह कमाल दिखाई देता है। शब्दों से चित्र बना देने की कला मुज़फ़्फ़र हनफ़ी साहब की शायरी में ख़ूब दिखाई देती है :

थाम रक्खी है ज़मीं ने साँस अपनी
एक बच्चा डगमगाता चल रहा है
मेरे हिस्से में न आई कोई धज्जी सब लोग
थान के थान लिए जाते हैं काले बादल
कहा ठण्डी हवा से कैक्टस ने
इधर भी आइयो ज़हमत न हो तो
बूढ़ा बदल साँसे रोके दो दिन से है सजदे में
काले बदल गरज रहे हैं कितना मातम करना है

ग़ज़ल की शुरुआत मत्ले से होती है और अच्छी ग़ज़ल के लिए भरपूर मत्ले का होना शुभंकर होता है। इस कार्य में भी मुज़फ़्फ़र हनफ़ी साहब को महारत हासिल है। नपी-तुली ज़बान का भरपूर इस्तेमाल, शब्दों की मितव्ययिता, रदीफ़-क़ाफिये का झन्नाटेदार वार देखते ही बन पड़ता है :

ज़ख़्म बाहर थे तबीयत ठीक अन्दर से हुई
ज़िन्दगी करने की फिर तहरीक अन्दर से हुई
होने लगी है अब तो ग़ज़ल बात-बात पर
गुस्सा उतारता है फ़क़ीर अपनी ज़ात पर

वो हटते थे किनारे से न दरिया पा करते थे
मगर हर बुलबुले हर मौज से तकरार करते थे
सीने के बल घिसट के सही चल किसी तरह
हाथ आ गया है कूचा-ए-मक़तल किसी तरह
आते-जाते हर दम टोका करते थे खिड़की-दरवाज़े
झल्लाकर आज़ाद हवा ने तोड़ दिये खिड़की-दरवाज़े

मुज़फ़्फ़र साहब की शायरी पहली नज़र में आधुनिकता और परम्परा दोनों के बीच की रेखा की यात्रा लगती है। ज़ाहिर है परम्परा एक लम्बे समय में विकसित हुई दृष्टि है जबकि आधुनिकता वर्तमान को पहचानने, समझने का दृष्टिकोण। कई बार यह परस्पर विरोधी लगते हैं, कई बार होते भी हैं मगर अच्छी काव्य यात्रा परम्परा और आधुनिकता को घोलती हुई स्वयं से समष्टि को समेटती है। मुज़फ़्फ़र हनफ़ी साहब की कहन खाँटी परम्परागत है मगर आप उनकी शायरी के विषयों की विविधता को देखें, उनके बिल्कुल ताज़ा बिम्बों को देखें, उनकी शैली को देखें तो कहना पड़ता है कि मुज़फ़्फ़र हनफ़ी साहब की शायरी न परम्परा की शायरी है न आधुनिकता की शायरी है, वो केवल और केवल मुज़फ़्फ़र हनफ़ी साहब की अपनी शायरी है जो हमें अच्छी, मीठी, प्यारी, चोखी ग़ज़ल से आगे बड़ी ग़ज़ल के दरबार में ले जाती है।

–तुफ़ैल चतुर्वेदी

9711296239, 9810387857

अनुक्रम

हम्द

बेकसों का बड़ा सहारा तू
डूबतों के लिए किनारा तू
एक के वास्ते फ़राज़े[1]-सलीब[2]
एक को तूर का नज़ारा तू
बू तेरी दामने-सबा में है
हर शगूफ़े से आशकारा[3] तू
हम से तेरे लिए करोरों हैं
और ले-दे के इक हमारा तू
दिन में रातों की याद है तुझ से
रात में सुब्ह का सितारा तू
उस तरफ़ हौलनाक तूफ़ाँ है
इस तरफ़ नूर का मिनारा तू
थक गये हम गुनाह करते हुए
रहम करते हुए न हारा तू
है मुज़फ़्फ़र तमाम ख़्वाहिशे-मर्ग[4]
ज़िन्दगानी का इस्तआरा[5] तू

---

1. बुलन्दी, 2. क्रास, 3. प्रदर्शित, 4. मृत्यु की चाह, 5. सिम्बल।

नात

गुंचे[1] गुंचे खिला मुहम्मद
ख़ुशबू-सा फैलता मुहम्मद
सीने सीने महक रहा है
चाँद किरन मोतिया मुहम्मद
कैसी इठलाती फिरती है
तितली पर लिख दिया मुहम्मद
रेशा-रेशा धूप के नेज़े
सर पर काली घटा मुहम्मद
दम घुटने की कैफ़ीयत में
ठण्डी-ठण्डी हवा मुहम्मद
यौमे-अज़ल[2] से रोज़-अबद[3] तक
रहमत का सिलसिला मुहम्मद
सर-ता-पा[4] इस्यां-पैकर[5] हूँ
मुझको भी देखना मुहम्मद
हर मुश्किल में हर आफ़त में
पढ़िये सल्ले अला मुहम्मद

---

1. कली, 2. आदिकाल, 3. प्रलय, 4. सिर से पाँव तक, 5. पाप की मूर्ति।

कोई शीशा है कि हाथ आकर न शर्माए हमें
है कोई पत्थर कि अपना सर ना याद आए हमें

दिल नहीं कहता कि उसका भी किनारा है कोई
हम न मानेंगे समन्दर लाख समझाए हमें

ख़त्म होने को नहीं आता हमारा टूटना
डूबने वाला सितारा देखता जाए हमें

फ़ासला कैसे घटे, शर्मा रहा है वो उधर
ख़ुद-शिनासी[1] इस तरफ़ आईना दिखलाए हमें

आँधियों ने शाख़ से पहुँचा दिया साहिल के पास
देखिये सैलाब किस मंज़िल पे पहुँचाए हमें

खुल गया उक़दा[2] कि ख़ुद मरने से मिलती है बहिश्त[3]
वह करम फ़रमा न अब ममनून[4] फ़रमाए हमें

ऐ मुज़फ़्फ़र उस घनी काली घटा को क्या कहें
जो सराबों[5] की तरह पानी को तरसाए हमें

. स्वभिमान, 2. गुत्थी, 3. स्वर्ग, 4. आभारी, 5. मृगतृष्णा।

ख़ुशबू-ही-ख़ुशबू थी उसकी बस्ती में क्या करती धूल
रैन बसेरा करने मेरी आँखों में आ बैठी धूल

सारी झीलें सिरीनगर की, बाग़-बग़ीचे दिल्ली के
बाबा अपने गाँव में क्यों है इतना कीचड़, इतनी धूल

आख़िर हमने अपनी झोली उसके सर पर उल्टा दी
क्या करते क़ानून यही है उसके फूल हमारी धूल

मोती दामन में थे फूल खिला रक्खे थे चेहरे पर
उस दिन हमने भी दुनिया की आँखों में झोंकी थी धूल

सोचो तो क्या चाँद पे धब्बे ऐसे ही पड़ जाते हैं
और ख़लाओं[1] में यह किसके क़दमों की है बिखरी धूल

अब मैं किस पर तोहमत रखता अपनी-अपनी क़िस्मत है
उसने गुलअफ़शानी[2] की थी मेरे सर पर आई धूल

---

1. अन्तरिक्ष, 2. फूल बरसाना।

सहरा में यह कौन आ गया, आशुफ़्तगी[1]-आशुफ़्तगी
आँधी चली तूफ़ाँ उठा आशुफ़्तगी-आशुफ़्तगी

मैंने कहा ओ बेअमल आईने से बाहर निकल
मत पूछिये फिर क्या हुआ आशुफ़्तगी-आशुफ़्तगी

बहता रहा दरिया मगर तड़पा किया दो हाथ पर
इक बेनवा[2], बेदस्तो-पा[3] आशुफ़्तगी-आशुफ़्तगी

थी जिसके दम से रौशनी अफ़सोस उसके जाते ही
मंज़र धुआँ देने लगा आशुफ़्तगी-आशुफ़्तगी

वो चादरे-शब ओढ़कर बैठा रहा मुँह मोड़कर
मैं रास्ता देखा किया आशुफ़्तगी-आशुफ़्तगी

---

1. जुनून, 2. बेसहारा, 3. लुँज।

रवा अपने पे क्यों बेदाद रक्खी
जफ़ागर[1] की जफ़ा क्यों याद रक्खी

वहाँ देखें किसे क्या भोगना है
यहाँ तो हरचे-बादा-बाद[2] रक्खी

सुलूक अच्छा नहीं है, फिर भी उसके
तसव्वुर[3] से तबीयत शाद रक्खी

गिरफ़्तारों को शिकवा है कि उसने
बहुत कम क़ैद की मिआद रक्खी

जिन्हें आवारा कहती है ये दुनिया
उन्हीं दीवानों ने आबाद रक्खी

मज़ा आया है जीने में मुज़फ़्फ़र
हमेशा साथ इक उफ़्ताद[4] रक्खी

---

1. ज़ालिम, 2. जो हो सो हो, 3. ध्यान 4. मुसीबत।

दिल में बंजर-ही-बंजर है मिट्टी को नम करना है
एक ग़ज़ल कहकर ख़ुद अपना पोस्टमार्टम करना है

बूढ़ा बरगद साँसें रोके दो दिन से है सजदे में
काले बादल गरज रहे हैं कितना मातम करना है

सहरा-सहरा बाज रहा है नक़्क़ारा पामाली[1] का
मुझको भी वहशत करनी है उसको भी रम[2] करना है

जिस कूचे में दुनिया वाले अंगारे दहकाते हैं
हम दरवेशों को उसमें ही रक़्स[3] दमादम करना है

सर काटें या पाँव तराशें लोगो कुछ तजवीज़ करो
ऊपर से फ़रमान आया है क़द अपना कम करना है

---

1. रौंदना, 2. भागना, 3. नृत्य।

दर्दे-दिल गर्द उड़ाकर नहीं आता कोई
एक मुद्दत से मेरे घर नहीं आता कोई

क्या क़यामत है कि पक्के हुए फल सूखते हैं
बेर के पेड़ पे पत्थर नहीं आता कोई

जिसको देखो वो समा जाता है आईने में
किसी आईने से बाहर नहीं आता कोई

रेत मुद्दत से मेरे सर पे उड़ा करती है
मेरे रस्ते में समन्दर नहीं आता कोई

टूटते तारे भी कतरा के निकल जाते हैं
चाँद जब से मेरी छत पर नहीं आता कोई

ये हुनर आपको आता है मुज़फ़्फ़र साहब
घर में सैलाब[1] तो लेकर नहीं आता कोई

---

1. बाढ़।

छालों के फूल अपने परों पर सजाएगी
तितली ज़रूर मेरी हथेली पे आएगी

मंज़िल पे आ के गर्द को देखा तो सर पे है
सोचा था रास्ते में कहीं बैठ जाएगी

सारे नुक़ूशे-पा[1] में दहकते हैं आबले[2]
आँधी मेरे चराग़ों को कैसे बुझाएगी

ऐ आरज़ू कोई भी मुकम्मल[3] नहीं यहाँ
हम को ज़मीं के चाक पे कब तक घुमाएगी

फूटे पुरानी शाख़ों पे अँखुवे नये-नये
ये जानते हुए कि ख़िज़ाँ फिर जलाएगी

---

1. पग-चिह्न, 2. छाले, 3. पूर्ण।

हर एक नोके-पलक पर शरर[1] लगाए हुए
चला किया मैं नज़र चाँद पर लगाए हुए

इधर भी देख कि हम मौज-मौज बहते हैं
शिकस्ता[2] कश्ती के तख़्ते पे सर लगाए हुए

तमाम शहर को लाहिक़[3] है किस से ख़तरा-ए-जाँ
यहाँ तो जो भी मिला वो सिपर[4] लगाए हुए

अ़जब नहीं है कि धुल जायें अगली बारिश में
ये घर के नक़्शे पे दीवारो-दर लगाए हुए

लतीफ़ा है कि हम अब धूप को तरसते हैं
सरों तक आन लगे हैं शजर लगाए हुए

परों को अपने वो फैलाएँ तो मज़ा आ जाए
कटी पतंग पे हैं जो नज़र लगाए हुए

पड़ा हुआ है बयासी बरस से इक हमज़ाद[5]
हमारी गोर[6] से अपनी कमर लगाए हुए

---

1. चिनगारी, 2. टूटी-फूटी, 3. लागू, 4. ढाल, 5. बैताल, 6. क़ब्र।

बाज़ार में कुछ और है घर में है और कुछ
सर में वो और कुछ है नज़र में है और कुछ

पिंजरे में बन्द सर को परों में छुपाए है
लेकिन यही परिन्दा शजर[1] में है और कुछ

पिछले सफ़र के तोशे[2] में शामिल थे सब्रो-ज़ब्त
अबके हमारे रख़्ते-सफ़र[3] में है और कुछ

होंगे तुम्हारी आँख में तारे भरे हुए
आँसू हमारे दीदा-ए-तर[4] में है और कुछ

हम लोग बेसतूँ[5] से अजन्ता तराशेंगे
रानी जो रात की थी, सहर[6] में है और कुछ

---

1. पेड़, 2. सामग्री, 3. यात्रा सामग्री, 4. भीगी आँखे, 5. पहाड़, 6. भोर।

फूलों की आरज़ू में उगे डाली-डाली हाथ
इस बार भी बहार चली आई ख़ाली हाथ

इनआम ले के हाथ मेरे काम से गये
नेज़ा घुमाते हैं न बजाते हैं ताली हाथ

दामन झटकने वाले ज़रा एहतियात से
दामन की धज्जियाँ न उड़ा दें सवाली हाथ

लोगो हमारे हाथ से होगा नया ही कुछ
औरों के काम की न करें गे जुगाली हाथ

अब क्या उमंग कीजिए दिल ही जो सर्द हो
हम लाख सर उठाएँ मगर लाउबाली[1] हाथ

1. बेपवाह।

दिल पे सैक़ल[1] भी नहीं गर्दे-कुदूरत ही नहीं
इक सनमख़ाना है जिसमें कोई मूरत ही नहीं

अदब आईना है और ऐसा अजीब आईना
जिसमें सीरत[2] भी नज़र आती है सूरत ही नहीं

शाइरी रास्ता साइंस को दिखलाती है
फ़लसफ़ा कहता है शाइर की ज़रूरत ही नहीं

प्यार करने का शगुन आया नहीं पिछले बरस
और नये साल में भी ऐसी महूरत ही नहीं

आँखों-ही-आँखों में वो शेर कहा करते हैं
ए मुज़फ़्फ़र उन्हें लफ़्ज़ों की ज़रूरत ही नहीं

1. क़लई, 2. चरित्र।

मुसलसल झिलमिलाता है कि अब होने ही वाला है
इस आईने पे चेहरे का ग़ज़ब होने ही वाला है

हर इक तारा है तीरअन्दाज़ नेज़ाबाज़ हर जुगनू
पलक झपके न कोई क़त्ले-शब होने ही वाला है

यहाँ हैरान होने के लिए कुछ भी नहीं बाक़ी
अजब पर किसको हैरत होगी जब होने ही वाला है

कई दिन से मरज़ लाहिक़[1] है उसको सरबुलन्दी का
वो सूली पर चढ़ाने को तलब होने ही वाला है

जो होना चाहिए था वो तो अब होने नहीं वाला
नहीं होना था जो सब कुछ, वो सब होने ही वाला है

सुना जाता है वो बच्चा जो कल तक भोला-भाला था
अदब पढ़ने लगा है बेअदब होने ही वाला है

तो फिर हिफ़्ज़े-तक़द्दुम[2] में ही कुछ अशआर हो जायें
मुज़फ़्फ़र से ख़फ़ा वो बेसबब होने ही वाला है

---

1. लागू, 2. अपना बचाव।

सवा नेज़े पे सूरज आ गया ना
जो चेहरा चाँद था, गहना गया ना

न आया था ज़माने की नज़र में
वो चोर आईने में पकड़ा गया ना

उसी को सर चढ़ाकर नाचता है
बगूला मेरी मिट्टी पा गया ना

समझते थे कि जीना आ गया है
अचानक आख़िरी वक़्त आ गया ना

कहा था इतना दरिया से न घुल-मिल
तिरी खेती को ज़ालिम खा गया ना

मेरे सर में ग़ज़ब शोरीदगी[1] थी
तेरी दीवार पर दाग़ आ गया ना

---

1. बेताबी।

रात फिर रख गया सिरहाने कोई
एक मुँहबन्द मोगरे की कली

बास उसकी बसी है बिस्तर में
अब कहाँ मुझको नींद आएगी

वाक़िआ है कि उसके आँगन में
धूप खिलती है चाँदनी जैसी

अब नहीं आता कोई परवाना
शम्मा बेचारी कब तलक जलती

आप क्यों इस क़दर खफ़ीफ़[1] हुए
यूँ ही भर आया आँख में पानी

होगी उसकी मिसाल दुनिया में
हम ने तो आज तक नहीं देखी

ज़िन्दगी झोंक दी जहन्नुम में
जुस्तजू थी हमें भी जन्नत की

---

1. लज्जित।

जो हमारा ख़ून पीने आये थे
उनको भी दाँतों पसीने आये थे

पड़ गया ग़ैरत का लंगर पाँव में
गोद लेने को सफ़ीने आये थे

हसरतों के मक़बरे में दफ़्न हूँ
मेरे सपनों में ख़ज़ीने आये थे

सर पे इतना बोझ कैसे आ गया
हम यहाँ दो दिन को जीने आये थे

फूल पर आये थे हम जैसे बबूल
चन्द ऐसे भी महीने आये थे

दिल पशेमाँ[1] था न आँसू आँख में
शेख़ जी मक्के-मदीने आये थे

1. लज्जित।

ज़ख़्म बाहर थे, तबीयत ठीक अन्दर से हुई
ज़िन्दगी करने की फिर तहरीक[1] अन्दर से हुई

तूने इतनी जालियाँ क्यों खिड़कियों पर तान दीं
डोर साँसों की तिरी बारीक अन्दर से हुई

भर लिया होगा पड़ोसी का उजाला, छीनकर
वरना यह क़न्दील क्यों तारीक अन्दर से हुई

मैं जिसे बेज़ार होकर छोड़ आया था कभी
अब वही बस्ती बहुत नज़दीक अन्दर से हुई

हम यह समझे थे मुअम्मा[2] ज़िन्दगी का हल हुआ
और फिर पैदा नयी तशकीक[3] अन्दर से हुई

कशमकश[4] थी ए मुज़फ़्फ़र इस ज़मीनो-बह्र में
डूब जाने की मुझे तहरीक अन्दर से हुई

---

1. प्रेरणा, 2. पहेली, 3. शक, 4. असमंजस।

लाल-पीली है पुरग़ज़ब तितली
फूल को नोचती है अब तितली

ओस नाराज़ है कई दिन से
ज़र्द सब्ज़े पे जाँ-ब-लब तितली

कितनी शाख़ों में रंग भरती है
एक बेशर्म बेअदब तितली

आफ़ियत[1] सब नशेमनों[2] में है
क्यों है लरज़े में बेसबब तितली

रक़्स[3] जारी है ख़ारज़ारों में
चैन से बैठती है कब तितली

कैसे कलियाँ चिटख़ के खिलती हैं
उनके लब चूमती है जब तितली

---

1. ख़ैरियत, 2. घोंसले, 3. नाच।

हफ़्तख़्वाँ[1] तय किये हैं नामनिहाद[2]
हौज़ के सिन्दबाद, ज़िन्दाबाद

ख़ैर से बालो-पर ख़रीद लिए
जा नये आसमान कर ईजाद

दार पर चढ़ गये कई मंसूर
एक इल्ज़ाम, वो भी बेबुनियाद

अब शहीदों में नाम लिक्खा जाए
ख़ुद से हम कर नहीं सकेंगे जिहाद

एक पागल के दम से बस्ती में
कई वीराने हो गये आबाद

फिर कहा बह्र ने मुज़फ़्फ़र से
आइए, डूब जाइये उस्ताद

---

1. सात कठिन मंज़िलें, 2. मन गढ़न्त।

उसे ग़म है कि बेटी के लिए लड़का नहीं मिलता
इधर हम हैं कि घर क्या फ़ोन पर बेटा नहीं मिलता

अजब सूरज है रेगिस्तान ही में डूब जाता है
उसे क्या डूबने के वास्ते दरिया नहीं मिलता

मगर बेमुद्दआ[1] दिल माँगने से मिल नहीं जाते
बिना माँगे दिले-बेमुद्दआ को क्या नहीं मिलता

कोई चलता नज़र आये तो उसको रहनुमा कर लूँ
किसे चेहरा दिखाऊँ कोई आईना नहीं मिलता

जिसे देखो सहारा चाहता है क्या क़यामत है
सहारा दूसरों को दे कोई ऐसा नहीं मिलता

अब इतना काम ले के बच्चे स्कूलों से आते हैं
कि उनसे बात करने का हमें मौक़ा नहीं मिलता

---

1. तलब।

घटाते क्यों हो मेरा क़द, मिरी आवाज़ नक़्क़ादो[1]
कभी सच बोलना सीखो नज़रियासाज़ नक़्क़ादो

हक़ीक़त भी सर-आँखों पर है जिद्दत भी सर-आँखों पर
मगर इक शै लताफ़त भी है नारेबाज़ नक़्क़ादो

हर इक सच्चाई को तक़सीम कर देते हो ख़ानों में
हर इक नुद्रत को करते हो नज़र-अन्दाज़ नक़्क़ादो

कई सदियों से किसकी गूँज है हिन्दोस्ताँ भर में
सुना तुमने, ग़ज़ल के दुश्मनो, तन्नाज़[2] नक़्क़ादो

मगर ताज़ा हवा से वास्ता तुमने नहीं रक्खा
परों से मसलिहत के माइले-परवाज़[3] नक़्क़ादो

दियानत[4] ख़ून बनकर दौड़ती है उसकी बातों में
इसी में है मुज़फ़्फ़र की ग़ज़ल का राज़ नक़्क़ादो

---

1. आलोचक, 2. व्यंगकार, 3. उड़ान भरने वाले, 4. सच्चाई।

यहाँ से वाँ तलक तनहाई, वीरानी मुसलसल है
मैं इक आतिशफ़शाँ[1] हूँ जिसमें अफ़्शानी[2] मुसलसल है

कोई तस्कीन का पहलू नहीं है साँसें लेने में
फ़ना होने को हूँ, जीने की नादानी मुसलसल है

मेरे अत्‌राफ़ में नाफ़िज़ है दस्तूरे-ज़बाँबन्दी
मेरी तब्‌ए-रवाँ ऐसी कि तुग़यानी[3] मुसलसल है

मियाँ महफ़ूज़ रहना है तो सच का नश्शा मत करना
तिरी तक़दीर में शह की सनाख़्वानी[4] मुसलसल है

इधर मैं हूँ कि उसको ज़िन्दगी भर टूटकर चाहा
उधर वो है कि मेरा दुश्मने-जानी मुसलसल है

मुज़फ़्फ़र चन्द साँसें बच रही हैं ग़मज़दा क्यों हो
हवा काफ़ी है, ख़ुशबू की फ़रावानी[5] मुसलसल[6] है

---

1. ज्वालामुखी, 2. बिखराव, 3. बाढ़, 4. चापलूसी, 5. बहुतात, 6. निरन्तर।

जब तक धरती पर जीवन है जज़्बे सर्द नहीं होंगे
मेरे शेर तरो-ताज़ा हैं यह भी ज़र्द नहीं होंगे

इस्मत बीबी जान बचाने इस धोके में आई थी
कोई तो होगा बस्ती में, सब नामर्द नहीं होंगे

औरों के इनआम ख़ुद अपनी झोली में रख लेते हैं
ऐसा है तो आप किसी भी फ़न में फ़र्द[1] नहीं होंगे

प्यार इसी शिद्दत से करना, जब तक सांसें चलती हैं
दिल की धड़कन ठीक रहेगी चेहरे गर्द नहीं होंगे

अपने जी का हाल मुज़फ़्फ़र दुनिया से क्यों कहते हो
ग़म ख़ुद ही कम हो जाएगा जब हमदर्द नहीं होंगे

1. निपुण

होने लगी है अब तो ग़ज़ल बात-बात पर
गुस्सा उतारता है फ़क़ीर अपनी ज़ात पर

सैराब[1] हो चुके हैं अगर आप तो चलें
तशनालबी का उर्स मनाएँ फ़ुरात पर

सब दूर भागते थे जलाली बुज़ुर्ग से
मेला लगा हुआ है मियाँ की वफ़ात[2] पर

बिखरी हुई थी गर्दे-तमन्ना हर इक तरफ़
डाली जो सरसरी-सी नज़र कायनात पर

यूँ है कि हमने आपको रुसवा नहीं किया
हाँ ख़ाक डालते रहे अपनी सिफ़ात[3] पर

ख़ुश हैं कि ग़मज़दा[4] हैं मुज़फ़्फ़र, पता नहीं
जलसे जो कर रहे थे हमारी निजात पर

---

1. तृप्त, 2. निधन, 3. गुण, 4. दुखी।

बारिश अगर न होगी, नदी सूख जाएगी
रोया नहीं तो आँख मेरी सूख जाएगी

कब से है इन्तिज़ार तेरा मल्का-ए-बहार
फ़ुलवारी इन्तिज़ार में ही सूख जाएगी

ख़ुद पर कुछ एतराज़ भी बर्दाश्त कीजिए
काँटे निकालने से कली सूख जाएगी

तशनालबी[1] भी साथ हमारे है ख़ैमाज़न[2]
जिस नह्र पर रुके हैं अभी सूख जाएगी

टूटे पड़े हैं लॉन पे कुछ तितलियों के पर
एक और शाख़ फूलों भरी सूख जाएगी

पड़ती में डालिए न मुज़फ़्फ़र ज़मीन को
जिसमें ग़ज़ल न हो वो ज़मीं सूख जाएगी

1. प्यास, 2. पड़ाव डाले हुए।

दाग़ सीने के मेरे यार के देखे हुए हैं
यह चमन नर्गिसे-बीमार के देखे हुए हैं

हमने झेले हैं ज़माने के नशेब और फ़राज़[1]
पेचो-ख़म वादिये-पुर-ख़ार[2] के देखे हुए हैं

यह भी जलता है किसी और इलाक़े में चलें
यह मनाज़िर तो कई बार के देखे हुए हैं

बच निकलने का हुनर ख़ूब उन्हें आता है
रास्ते सब मिरी सरकार के देखे हुए हैं

जिन्से-ख़ालिस[3] का वहाँ कोई ख़रीदार नहीं
हम भी जलवे तेरे बाज़ार के देखे हुए हैं

दूसरा अक्स नहीं उनसे उभरने वाला
आईने यारे-तरहदार के देखे हुए हैं

इतनी हमदर्दी से मत पूछिए हालत मेरी
सारे ज़ख़्म आपकी तलवार के देखे हुए हैं

1. ऊँच नीच, 2. काँटों भरी, 3. खरी वस्तु।

क्या वालिहाना[1] काटी है हमने तमाम उम्र
छोड़ा न हाथ आपके ग़म ने तमाम उम्र

अपनी हदों से आगे निकलने नहीं दिया
हमको हमारे नक़्शे-क़दम[2] ने तमाम उम्र

भरमार आँसुओं की रही, बूँद भर सुरूर
हैराँ किया ज़ियादा-ओ-कम ने तमाम उम्र

मेरे दिलो-दमाग़ पे क़ाबू न पा सके
रक्खा असीर[3] ज़ुल्मो-सितम ने तमाम उम्र

ऐसा हुआ कि हमसे नज़र ही नहीं मिलाई
उस मेहरबाँ के लुत्फ़ो-करम ने तमाम उम्र

उसने रखा है अपने मुज़फ़्फ़र को सरबुलन्द
सजदे किये हैं मेरे क़लम ने तमाम उम्र

---

1. मस्ती भरी, 2. पदचिह्न, 3. बन्दी।

मैं अगर रद्दो-कद[1] में रहता नहीं
आसमाँ अपनी हद में रहता नहीं

अक्सर ऐसा भी मौक़ा आता है
फ़र्क़ कुछ नेको-बद में रहता नहीं

इल्म तो चीज़ है बरतने की
वह सिमटकर सनद में रहता नहीं

तानिये कम ज़रा निशाने को
देर तक कोई ज़द में रहता नहीं

अपनी गरदन पे हो अगर तलवार
कैफ़ क़त्ले-अमद[2] में रहता नहीं

मुस्कुराकर जहाँ मिले महसूद[3]
जोश बाक़ी हसद[4] में रहता नहीं

दूर रहता है मुझसे मेरा यार
सुहबते-नाबलद[5] में रहता नहीं

---

1. खोजबीन, 2. सोची-समझी हत्या, 3. जिससे ईर्ष्या हो, 4. ईर्ष्या, 5. बेगाने लोगों में।

फ़लक-पैमा[1] ये मंज़र देख लेते
मेरे टूटे हुए पर देख लेते

तुम्हें मुड़-मुड़ के हमने ख़ूब देखा
ज़रा तुम भी पलटकर देख लेते

कोई भी इतना बदसूरत नहीं था
अगर सब अपने अन्दर देख लेते

मियाँ भी फूल बनना चाहते हैं
कोई काँटों का बिस्तर देख लेते

तो पड़ जाती तुम्हारे दिल में ठण्डक
मेरा जलता हुआ घर देख लेते

उन्हें दुनिया ने मुहलत ही कहाँ दी
कि दुनिया को मुज़फ़्फ़र देख लेते

1. आकाश नापने वाला।

इतनी दीवारें हैं वीराना तो बन जाएगा
इश्क़े-नाकाम से अफ़साना तो बन जाएगा

तू न आया तो कई और चले आएँगे
दिल में काबा नहीं बुतख़ाना तो बन जाएगा

मेरी मिट्टी से वही फूल खिला सकता है
वरना इस ख़ाक से पैमाना तो बन जाएगा

आग भी वादीये-सीना[1] से मँगानी होगी
मोम से आपका परवाना तो बन जाएगा

कारख़ाने नहीं हो सकते सक़ाफ़त[2] का बदल
लखनऊ ख़ैर से लुधियाना तो बन जाएगा

फ़ायदा और न कुछ हो मिरी ग़ज़लें पढ़कर
फिर भी लहजा तेरा मर्दाना तो बन जाएगा

वो बुलाते हैं मुज़फ़्फ़र तो चले जाते हैं
कुछ बड़े लोगों से याराना तो बन जाएगा

1. एक पहाड़, 2. संस्कृति।

मुजरिम है चुप रहने वाला
नाइनसाफ़ी सहने वाला

बेघर हो जाएँगे लाखों
इक माबद[1] है ढहने वाला

साहिल अपनी नाव सँभाले
मैं तिनका हूँ बहने वाला

शबनम थर-थर काँप रही है
ग़ुन्चा है कुछ कहने वाला

मेरे शेर कहाँ समझेगा
वह लफ़्ज़ों के गहने वाला

दुनिया भर के चक्कर में है
अपनी धुन में रहने वाला

1. पूजास्थल।

मतला औरंगे[1]-सुलेमानी पे लिक्खा हुआ है
और मक़ता उसी नादानी पे लिक्खा हुआ है

डूबने के लिए कुछ वक़्त उसे देना होगा
नाम सूरज का अभी पानी पे लिक्खा हुआ है

आपके घर पे भी लग जाएगा इक रोज़ निशान
आपका जुर्म तो पेशानी पे लिक्खा हुआ है

ख़ून मासूमों का रौशन है उसे रहने दो
और क्या पर्चमे[2]-सुल्तानी पे लिक्खा हुआ है

एक वहशी[3] के क़दम से थी यहाँ की रौनक़
आज तक दश्त[4] की वीरानी पे लिक्खा हुआ है

जाँफ़िशानी[5] से मुज़फ़्फ़र ने कहे पाँच अश्आर
आख़िरी शेर तनआसानी पे लिक्खा हुआ है

---

1. सिंहासन, 2. फरेरा, 3. मजनू, 4. वन, 5. जी जान लगा कर।

बहुत है मेरे लिए एक ही उड़ान सही
ज़मीन हाथ न आये तो आसमान सही

मुसाफ़िरों को भरोसा है मेरी कश्ती पर
यहाँ दुरुस्त है लंगर न बादबान सही

अगर ख़ुलूस में कोई कमी न आती हो
ज़रा-सी लाग भी यारों के दरमियान सही

हवा थमी है तो सूरज के सामने रख दो
चराग़े-सुब्ह का एक और इम्तिहान सही

बहार आई है सदक़ा उतारना होगा
चमन में फूल न हों तो हमारी जान सही

तवील[1] रात किसी तौर कट तो जाती है
बला से अब वो मुज़फ़्फ़र की दास्तान सही

---

1. लम्बी।

मुस्कुराता है वह गुल चेहरा ख़फ़ा होकर भी
एक हम हैं कि न आसूदा[1] हुए रोकर भी

अब न उक़्बा[2] की तमन्ना है न दुनिया की तलब
हम मुनाफ़े में रहे होशो-ख़िरद[3] खोकर भी

तेरे हाथों में तो हीरा ही कहा जाएगा
सन्ग-रेज़ा[4] तो नहीं, देख इसे धोकर भी

कहकशाँ में भी कहीं राह निकल आएगी
देख फ़ुटपाथ पे इक रात कभी सोकर भी

संगे-मील आप हैं और ख़ाकबसर हैं हम लोग
आपके हिस्से में आई नहीं इक ठोकर भी

---

1. तृप्त, 2. परलोक, 3. चतुराई, 4. कंकर।

मेहरबाँ हो के वो अच्छा नहीं रहने देता
क्यों मरे ज़ख़्मों को ताज़ा नहीं रहने देता

आदमी ढेर है मिट्टी का, अगर बेहिस हो
और अहसास कि ज़िन्दा नहीं रहने देता

चन्द मख़्सूस[1] दरख़्तों से मुहब्बत का जुनून
कुछ परिन्दों को कहीं का नहीं रहने देता

बाँध खा जाता है कुछ खेतों को बनते-बनते
और दरिया को भी दरिया नहीं रहने देता

कितनी आँखें हैं कि दीवारों में उग आई हैं
कोई इफ़्लास[2] का परदा नहीं रहने देता

ख़ैर से मेरे मुक़द्दर में वही मौसम है
जो किसी शाख़ पे पत्ता नहीं रहने देता

पूछ लेता हूँ मैं ग़ज़लों में ज़माने का मिज़ाज
चैन से मुझको ज़माना नहीं रहने देता

---

1. विशिष्ट, 2. ग़रीबी।

पीछे न पड़े राहगुज़र ऐसा किया जाय
बे-नक़्शे-कफ़े-पा[1] हो सफ़र ऐसा किया जाय

ख़ुशबू न चुरा पाये कोई ग़ुन्चा-ओ-गुल की
इक बार तो इज़हारे-हुनर[2] ऐसा किया जाय

तरकीब से देता है वह तरतीबे-अनासिर
तय है कि इधर ऐसा उधर ऐसा किया जाय

बिल्कुल न हो महसूस कि परदे में नहीं वो
अरबाबे-नज़र[3], सर्फ़े-नज़र[4] ऐसा किया जाय

जो शख़्स पढ़े उनको तड़प जाये मुज़फ़्फ़र
अश्आर को पाबन्दे-असर ऐसा किया जाय

---

1. पद चिह्न, 2. रचनात्मक अभिव्यक्ति, 3. बुद्धिजीवी, 4. नज़र बचाना।

हवा चराग़ का नुक़सान तो करेगी मियाँ
तुम्हारी याद परेशान तो करेगी मियाँ

नदी को बाँध समन्दर से दूर रखते हैं
वह इन्तिक़ाम[1] का सामान तो करेगी मियाँ

बदन से झड़ती हुई रेत और कुछ न करे
तेरी शिकस्त[2] का एलान तो करेगी मियाँ

तमाम ज़ख़्मों को ताज़ा करेगी जाते हुए
बहार हम पे ये एहसान तो करेगी मियाँ

ये आग, आज निगहबान है जो फ़सलों की
कल अपने खेतों को मैदान तो करेगी मियाँ

यही तो होगा मुज़फ़्फ़र कि दिल तड़प जाएँ
ग़ज़ल शरीफ़ों को हलकान तो करेगी मियाँ

---

1. बदला लेना, 2. हार।

फिर इक चढ़ा हुआ दरिया बहाना हो गया है
नए सफ़र पे वह तिनका रवाना गया है

हर एक चाँद में धब्बे तलाश करते हो
तुम्हारी आँख का नम्बर पुराना हो गया है

हवा ख़ुद आ के बढ़ाए मेरे चराग़ की लौ
इसे भड़कते हुए इक ज़माना हो गया है

परिन्दे और कहीं जाएँ, सब्ज़-बाग़ में तो
हर एक शाख़ पे एक आशियाना हो गया है

तुम्हारा हमसे तअल्लुक़ न टूट जाये कहीं
ख़ुदा के घर में बहुत आना-जाना हो गया है

ग़ज़ल उन्हें भी पसन्द आई है मुज़फ़्फ़र की
तआरुफ़[1] उनसे मेरा ग़ायबाना[2] गया है

---

1. परिचय, 2. अनुपस्थिति में।

दर्द ने दिल को गुदगुदाया तो
इक शरारा-सा तिलमिलाया तो

आप दरिया के साथ जाते हैं
और वो लौटकर न आया तो

देखना आसमाँ की ख़ैर नहीं
ख़ाकसारी ने सर उठाया तो

शाख़ काँटों भरी सही लेकिन
हाथ उसने इधर बढ़ाया तो

क्यों उठाते हो रेत की दीवार
आ गया कोई ज़ेरे-साया[1] तो

दूर तक लहरें खिलखिलाने लगीं
इक दीया नहर में बहाया तो

1. साए के नीचे।

मैं उठ गया तो शोरे-फ़ुग़ाँ[1] भी नहीं उठा
लेकिन किराये पर वह मकाँ भी नहीं उठा

मज़हब नहीं बताया न इमदाद की क़ुबूल
कश्ती में इक हबाबे-रवाँ[2] भी नहीं उठा

बस्ती जलाने वालो! तुम्हें क्या बताऊँ मैं
मुद्दत से मेरे घर में धुआँ भी नहीं उठा

हम दम-ब-ख़ुद[3] थे और उधर लुट रहे थे वो
जब हम कटे तो शोर वहाँ भी नहीं उठा

बढ़ते हुए क़दम को नहीं रोकता कोई
बैठा तो फिर क़दम का निशाँ भी नहीं उठा

---

1. हाहाकार, 2. बहता बुलबुला, 3. साँस रोके।

मर जाये कोई उनको ग़म नयीं होना
उन दो क़ातिल आँखों को नम नयीं होना

पटता है तो लाशों से पट जाने दो
देखो, इस कूचे में मातम नयीं होना

काला बादल घोर निराशा का हूँ मैं
प्यारे, तुम भी बिजली से कम नयीं हो ना

जंगल का क़ानून चलेगा, सुनते हैं
बस्ती में अब आदमवादम नयीं होना

हम भी इस्तक़बाल[1] को जाने वाले थे
वह कहता है काला परचम नयीं होना

क़तरा हूँ तो शबनम रहकर जी लूँगा
लोगो, मुझको दरिया में ज़म[2] नयीं होना

वह मुझको बेशक ठण्डा कर सकते हैं
आग मुज़फ़्फ़र ग़ज़लों में कम नयीं होना

1. स्वागत, 2. मिश्रित।

इक सितारा है जो बेदार[1] किया करता है
रात भर तज़किरा[2]-ए-यार किया करता है

बैठने पाते नहीं साया-ए-दीवार में हम
कोई गिरया[3] पसे-दीवार किया करता है

वो भड़कता है मेरे सीने में शोले जैसा
फिर उसी आग को गुलज़ार किया करता है

ये जो नासूर है अहसास में हक़तलफ़ी का
मुस्तक़िल ज़ात को मिस्मार[4] किया करता है

बादबाँ खोल के देखो तो साफ़ीने वालो
.खुश्क दरिया बहुत इसरार[5] किया करता है

कौन .खुशबू की तरह नाम तेरा ले लेकर
फूल के कान में ग़ुंजार किया करता है

उसको अरमान था उड़ने का मुज़फ़्फ़र लेकिन
अब परिन्दों को गिरफ़्तार किया करता है

---

1. जागना, 2. चर्चा, 3. रुलाई, 4. ढाना, 5. अनुग्रह।

बहाना वफ़ा का निकाला गया
बहुत ख़ून मेरा निकाला गया

शरारे[1] उछलते रहे संग से
चटानों से दरिया निकाला गया

मेरा ज़ख़्म बढ़ जायेगा और कुछ
अगर अब ये नेज़ा[2] निकाला गया

बग़ावत नहीं दब सकेगी हुज़ूर
जो काँटे से काँटा निकाला गया

तपकती थी दुनिया मेरे पाँव में
बमुश्किल ये छाला निकाला गया

मुहब्बत से वह बाज़ आये नहीं
तो बस्ती से कुनबा निकाला गया

---

1. चिनगारियाँ, 2. बरछी।

इसी बिना पे सब अहबाब ने किनारा किया
कि हमने धारे में बहना नहीं गवारा किया

नदी के बीच है नासूर-सा जो इक मँझधार
वहाँ से कोई मुसलसल मुझे पुकारा किया

अँधेरी रात की सौग़ात जिसने बख़्शी है
अँधेरी रात में हमने उसे सितारा किया

जहाँ किसी ने क़सीदे पढ़े बहारों के
ख़िज़ाँ ने देर तलक तज़किरा हमारा किया

खिले वो फूल से, हम उड़ चले कि ख़ुशबू हैं
उधर को, बादे-सहर[1] ने जिधर इशारा किया

ख़तर-पसन्द हैं, दो चार हादिसों के लिए
न वसवसे में पड़े हम न इस्तख़ारा[2] किया

मुज़फ़्फ़र आप अगर महवे-ख़्वाब[3] थे कल रात
तो फिर यह तूदा-ए-शब[4] किसने पारा-पारा[5] किया

---

1. सुबह की हवा, 2. फ़ाल देखना, 3. निद्रामग्न, 4. रात का टीला, 5. चूर चूर।

ख़ुद-बुद-सी कुछ कायनात[1] में होती रहती है
और छठी हिस दिल में काँटे बोती रहती है

आसमान पर लाखों तारे चमका करते हैं
मेरी क़िस्मत जब देखो तब सोती रहती है

रुकता हूँ तो चलने लगती है पुरवाई-सी
चलता हूँ तो दुनिया आर चुभोती रहती है

इक रिश्ता जो तोड़ दिया था दूरअन्देशी[2] ने
आशा उस धागे में फूल पिरोती रहती है

सारी बस्ती की बदनामी, अपने गन्दे हाथ
मेरे हिस्से की गंगा में धोती रहती है

रोक लिये हैं हमने अपने आँसू पलकों पर
एक प्यासी चिड़िया चोंच भिगोती रहती है

---

1. ब्रह्माण्ड, 2. इन्द्रीय।

इस रौशनी-ए-तब्अ[1] ने धोका दिया हमें
अपने लहू की आँच ने झुलसा दिया हमें

क्यों इतने छोटे ख़ुद को नज़र आ रहे हैं हम
या रब ये किस मुक़ाम पे पहुँचा दिया हमें

आये थे ख़ाली हाथों को फैलाए हम यहाँ
दुनिया ने ख़ाली हाथ ही लौटा दिया हमें

ठण्डी हवा ने तोड़ दिया था दरख़्त से
फिर गर्दबाद[2] आये, सहारा दिया हमें

ज़ख़्मी हुए थे जंग में दुश्मन के वार से
अहबाब ने तो ज़िन्दा ही दफ़ना दिया हमें

कागज़ की नाव पर थे, हमें डूबना ही था
जो मौज आयी, एक झकोला दिया हमें

हम ताकि कायनात पे क़ाबू न पा सकें
उसने तिलिस्मे[3]-ज़ात में उलझा दिया हमें

---

1. अन्तरदृष्टि, 2. बगूले, 3. जादूनगरी।

आग पर चलना पड़ा है तो कभी पानी पर
गोलियाँ खाई हैं फ़नकारों ने पेशानी पर

कौन तारीख़ में अहवाल हमारे लिक्खे
हम तो ठोकर भी लगाते नहीं सुल्तानी पर

क्या समझता है कि मिल जायेगा सानी[1] उसका
मैं तो हैरान हूँ आईने की हैरानी पर

गुदगुदाता है शगूफ़ों को वो पोशीदा हाथ
जिसने काँटों को लगाया है निगहबानी पर

वो मुझे दौलते-कोनैन[2] अता करता है
इस तरफ़ नाज़ मुझे बेसरो-सामानी पर

उम्र के आठवें अशरे[3] में करो सजदा-ए-शुक्र
आमदे-तबअ[4] मुज़फ़्फ़र जो है तुग़यानी[5] पर

---

1. समान, 2. दोनों लोक, 3. दहाई, 4. तबीअत की रवानी, 5. बाढ़।

बादल होगा बिन मौसम का, मैं जो हूँ
आँखों से बरसात करूँगा मैं जो हूँ

रेगिस्तान में काली रात, अकेला मैं
तारा जुग-जुग करता बोला मैं जो हूँ

नक़्शे-क़दम[1]-सा क्या बैठा है आगे चल
सर धुनता है एक बगूला, मैं जो हूँ

मेरा ख़ून रवा है तेरे नेज़े को
भूल गया क्या तीर चलाना, मैं जो हूँ

तेरा ही गुनगान करूँगा चारों ओर
क़रिया क़रिया[2], दरिया दरिया मैं जो हूँ

दौड़ा आया लू का झोंका, मैं हूँ ना
इक डाली पर सूखा-साखा मैं जो हूँ

अब क्या सोचूँ थमकर अपने बारे में
तेज़ हवा में उड़ता पत्ता मैं जो हूँ

---

1. पगचिह्न, 2. गाँव-गाँव।

हवा नाराज़ थी हमसे किनारा दूर था हम से
समन्दर था कि याँ से वाँ तलक भरपूर था हम से

.ख़ुदी, ख़ुद-आगही, .ख़ुदराई जिसमें रूनुमा[1] होते
वो आईना तो पहले दिन ही चकनाचूर था हमसे

मुहब्बत और जवानामर्ग, रोना दास्ताँ-गो का
घनी रातों का जंगल रात भर पुरनूर था हमसे

मज़ा भी है सज़ा भी है मुसलसल रक़्स[2] करने में
मगर हमरक़्स[3] हम थे, आसमाँ मजबूर था हम से

ख़ुद अपने को भी इक परदे में रहकर देखना होगा
यही जो आइने में है, अभी मस्तूर[4] था हमसे

मुज़फ़्फ़र, अब यही दुनिया हमें नाबूद[5] कर देगी
ये पैमाना लबालब था कभी, मामूर[6] था हम से

---

1. प्रदर्शित, 2. नाच, 3. सहनर्तक, 4. छुपा हुआ, 5. मिटा हुआ, 6. भरा हुआ।

पाँव तो मस्नदे-सुल्तानी पे रक्खा हुआ है
सर मेरा बे-सरो-सामानी पे रक्खा हुआ है

आलिमुलग़ैब[1] नुमाइश को नहीं करता क़ुबूल
आपका सजदा तो पेशानी पे रक्खा हुआ है

ऐ हवा ख़ुश न हो फ़ानूस अगर है बेनूर
इक दीया और अभी पानी पे रक्खा हुआ है

है तो हो सामने सामान परेशानी का
हौसला भी तो परेशानी पे रक्खा हुआ है

क्या तअज्जुब है अगर ख़ाकबसर हैं हम लोग
हमने तकिया भी तो नादानी पे रक्खा हुआ है

एक भी फूल खिलाया है जहाँ क़ुदरत ने
अनगिनत काँटों को निगरानी[2] पे रक्खा हुआ है

---

1. भविष्य जानने वाला, 2. बाढ़।

हमने सूराख़ भी कश्ती में बहुत रक्खे हैं
उसने दरिया को जो तुग़यानी पे रक्खा हुआ है

शह्र में अम्न रहेगा कि बपा होगा फ़िसाद
सारा कज़िया[1] मेरी क़ुर्बानी पे रक्खा हुआ है

---

1. झगड़ा।

झिलमिलाते हैं सितारे आसमाँ के थाल में
हम इधर उलझे हुए अपनी रगों के जाल में

सोलह दिल्ली में कटे सतरह बरस भोपाल में
बारह बरसातें गुज़ारीं मग़रिबी बंगाल में

आरज़ूएँ हर क़दम पर कहकशाँ बोती हुईं
ज़िन्दगी जकड़ी हुई ज़ंजीरे-माहो-साल में

सबके अन्दर जागुज़ीं[1] है अपनी रुसवाई का ख़ौफ़
किसको फ़ुर्सत है कि देखे कौन है किस हाल में

देखना सैलाब ही चूमेगा राहत के क़दम
मूशिगाफ़ी हो रही है पुरसिशे-अहवाल[2] में

आग है पैरों के नीचे, बर्गे-गुल[3] उड़ते हुए
कुछ क़लन्दर देर से मसरूफ़ हैं धम्माल में

ऐ मुज़फ़्फ़र, गर्म हैं अशआर तेरी आँच से
वरना जल बुझते हैं शाइर आतिशे-सय्याल[4] में

1. बसा हुआ, 2. हाल पूछना, 3. फूल की पँखड़ियाँ, 4. तरल अग्नि (शराब)।

जब चाहा तलवार समझकर मुझको इस्तेमाल किया
हाकिम ही क्या दुनिया भर ने मेरा इस्तिहसाल[1] किया

गुलशन पर जो कुछ बीती है कोई पूछे तो बतलाएँ
बादल ने क्या हुन बरसाए मौसम ने क्या हाल किया

सूरज ने फैला दीं किरनें शबनम की नाबूदी[2] को
मौक़ा पाकर शबनम ने भी सब्ज़े को पामाल किया

आवारा ख़ुशबू से उसने हम तक पहुँचाया पैग़ाम
हमने भी तितली के हाथों इक नामा इर्साल[3] किया

जीवन के ताने-बाने में यूँ ही क्या कम उलझन थी
फिर अपना हमज़ाद जगाकर क्यों जी का जंजाल किया

हम तो बरज़ख़[4] हो या जन्नत, उसकी मर्ज़ी में ख़ुश हैं
जिसको दोज़ख़ में रहना है उसने क़ीलो-क़ाल[5] किया

---

1. दुरुपयोग, 2. मिटाने, 3. भेजना, 4. मृत्यु और प्रलय के बीच, 5. तकरार।

इक आबशार[1] था मुझको बहाने वाला था
मैं गर्दबाद[2], उसे सर चढ़ाने वाला था

जिन्होंने आग लगाई वो मेह्रबाँ थे मेरे
मैं इस ख़राबे को ख़ुद ही जलाने वाला था

ख़बर है आज वहाँ ज़िन्दा गड़ गया कोई
दुकान अपनी जहाँ मैं लगाने वाला था

उसी को बाँध के फेंक आये लोग दरिया में
वही तो शहर में कश्ती बनाने वाला था

तेरे दयार[3] की रौनक़ से क्या बहलता दिल
वहाँ तो जो भी मिला जी दुखाने वाला था

फिर उसको याद किया और मैंने मूँद ली आँख
कि उसके बाद नज़र कौन आने वाला था

मुझे बिखरना नहीं आया फूल की मानिन्द
बस एक काँटा था और टूट जाने वाला था

---

1. झरना, 2. बगूला, 3 इलाक़ा।

पैग़ामे[1]-सबा दिल से ग़म दूर करे है गा
ग़ुंचे को चिटकने पर मजबूर करे है गा

हर बात को शिद्दत से महसूस जो करता है
पागल है ख़राशों को नासूर करे है गा

उसको भी समझते हैं अहबाब सियह-कारी[2]
इक शख़्स मेरी रातें पुरनूर[3] करे है गा

क़ुर्ब[4] उसका क़यामत है अदना-सी करामत है
वो अपने तसव्वुर से मख़्मूर[5] करे है गा

रन्जूर[6] तो करता है दिल चूर तो करता है
लेकिन वो मुहब्बत भी भरपूर करे है गा

उसकी तो हर इक मर्ज़ी, मर्ज़ी है मुज़फ़्फ़र की
वो मेरी हर इक अर्ज़ी[7] मंज़ूर करे है गा

---

1. मित्रगण, 2. पाप, 3. उजली, 4. निकटता, 5. मस्त, 6. दुखी, 7. निवेदन।

मैं चराग़े-सहर टिमटिमाता हुआ
बुझ गया तो ज़ियादा उजाला हुआ

दूसरे लोग घर फूँकने आये थे
मेरा दरवाज़ा सैलाब़ पर वा[1] हुआ

क़द्र फ़रदा[2] की कम हो गयी हाल में
हाल माज़ी[3] बना तो सुनहरा हुआ

मेरी आँखों में भी अम्न का ख़्वाब है
सोख़्ता[4] बाप-दादा का देखा हुआ

बिलबिलाते थे बच्चे वहाँ भूक से
बस्तियाँ जल गयीं तो बुरा क्या हुआ

हाल पूछा नहीं वरना क्या कहते हम
उसने देखा नहीं और अच्छा हुआ

---

1. खुला, 2. भविष्य, 3. भूतकाल, 4. जले हुए।

दुनिया में ख़ुद को सबसे अहम[1] जानते हो तुम
लेकिन हमारे बारे में कम जानते हो तुम

चलने लगे तुम्हारी गली में उठा के सर
जब से सुना है तर्ज़े[2]-सितम जानते हो तुम

मशहूर मत करो कि तुम्हें सच पसन्द है
क्यों सरबुरीदा[3] है ये क़लम जानते हो तुम

घाटे में आ न जाये इबादत का कारोबार
सजदों को अपने दामो-दिरम जानते हो तुम

तुमसे गिला नहीं है कि ख़ुद अपनी ज़ात से
किस दर्जा शर्मसार हैं हम जानते हो तुम

दामन से झटकी जाती है कैसे ख़ुशी की गर्द
कैसे उठाए जाते हैं ग़म जानते हो तुम

दुनिया को जानते हो मुज़फ़्फ़र मियाँ वले[4]
सब कुछ ब-क़द्रे-दीदा-ए-नम[5] जानते हो तुम

---

1. विशिष्ट, 2. सताने के ढंग, 3. सर कटा हुआ, 4. परन्तु, 5. भीगे नयनों के मुताबिक़।

कारोबारे-शौक़[1] मन्दा चल रहा है
ख़ून में इक तार नीला चल रहा है

वक़्त से पहले ही खिल जाती हैं कलियाँ
तितलियों का काम अच्छा चल रहा है

हाशिया-आराइयों[2] से दोस्तों की
सुर्ख़ियों में नाम अपना चल रहा है

गर्द उड़नी चाहिए, उड़ती रहेगी
सो गये राही तो सहरा चल रहा है

और तिनकों ने कहा छाती फुलाकर
जी, हमारे दम से दरिया चल रहा है

अपनी रातें भी मज़े में कट रही हैं
आजकल मिसरे-पे-मिसरा चल रहा है

थाम रक्खी है ज़मीं ने साँस अपनी
एक बच्चा डगमगाता चल रहा है

1. प्रेम लीला, 2. टिप्पणियों।

सीखना हमसे उजाले को दीये में रोक लेना
और फिर उसका हमें ही रास्ते में रोक लेना

सुब्ह पैहम[1] दस्तकें देती रही दरवाज़ा खोलो
इस तरफ़ हम सबका चीख़ों को गले में रोक लेना

आँधियों से मेरा हमआग़ोश[2] होना जंगलों में
फिर भँवर बनकर वो दरिया को मज़े में रोक लेना

नक़्शे-पा[3] से पूछ सकते हो मेरे वो कारनामे
रेत के तूफ़ान वहशत के नशे में रोक लेना

काट देना मेरा नाम आये जो उसके तज़किरे में
बरसबीले-तज़किरा[4] को तज़किरे में रोक लेना

बुतकदा वीरान, मस्जिद बन्द, कर्फ़्यू शह्र में है
ग़ैर मुम्किन, बादानोशी[5] मैकदे[6] में रोक लेना

---

1. निरन्तर, 2. गले मिलना, 3. पदचिह्न, 4. चर्चा हेतु, 5. मदिरा-पान, 6. मधुशाला।

इतनी नुकीली किरनों से हर पौदा जल जाएगा
लेकिन नौ दस घण्टों ही में सूरज भी ढल जाएगा

उम्मीदों पर फूल आने में उम्रें खप जाती हैं मियाँ
क्या समझे थे नख़्ले-तमन्ना[1] दो दिन में फल जाएगा

भँवरा तक आज़ाद नहीं है फूलों पर मँडलाने को
डर है वो फूलों के मुँह पर रुसवाई मल जाएगा

आये हैं पुरज़ोर[2] तक़ाज़े तुन्द मिज़ाज समन्दर के
क़र्ज़ अदा करने को दरिया सीने के बल जाएगा

कहते हैं अब रुत बदलेगी डाली-डाली महकेगी
धरती का रस पत्ते-पत्ते कोंपल-कोंपल जाएगा

जान बचानी है तो ख़ुद ही टाल मुज़फ़्फ़र ख़तरे को
पहरेदार भी आ आ जाएँगे जब ख़तरा टल जाएगा

---

1. पौदा अरमानों का, 2. ज़ोरदार।

मैं तो बिन देखे बहल जाऊँगा लेकिन तुम लोग
तूर[1] कहता है कि जल जाऊँगा लेकिन तुम लोग

ख़ाक से राबिता[2] रखना तुम्हें मंज़ूर नहीं
मैं तो मिट्टी में भी रल जाऊँगा लेकिन तुम लोग

डगमगाता जो नहीं है वो सँभलता भी नहीं
डगमगाऊँगा सँभल जाऊँगा लेकिन तुम लोग

तुम भी चढ़ते हुए सूरज के पुजारी निकले
इक पहर और है, ढल जाऊँगा लेकिन तुम लोग

ख़ुद ही इक शोला-ए-जव्वाला[3] हूँ मेरा क्या है
बुझ के उस पार निकल जाऊँगा लेकिन तुम लोग

क़ायदा है कि पिघल जाता है जलने वाला
रौशनी दे के पिघल जाऊँगा लेकिन तुम लोग

---

1. पहाड़ का नाम, 2. नाता, 3. भड़कता हुआ।

यहाँ तो जितने बरस गुज़ारे अज़ाब[1] या एहतियात के थे
जो हमसे कटकर निकल गये हैं वो चार दिन इंबिसात[2] के थे

वो फ़र्शे-गुल पर ख़िराम फ़रमा, ये राहरौ पुलसिरात के थे
विसाल[3] के लाख दिन बराबर फ़िराक़ की एक रात के थे

नफ़स[4] को अपने ज़ईफ़ करता, अना को अपना हरीफ़[5] करता
मगर उसे फ़िक्र ही नहीं थी कई वसीले निजात के थे

रक़ाबतों ने नक़ाबें चेहरों पे डाल रक्खी थीं मसलिहत की
बँधी थी मुट्ठी मुनाफ़िक़त की मुआहिदे इख़्तिलाफ़ के थे

हज़ार लोगों से दोस्ती की न हो सकी ख़ुद से आशनाई
अजब अनासिर ख़मीर में थे अजीब असरार[6] ज़ात के थे

तमाम बिखरी हुई है ज़र्दी हवा ने हालत ख़राब कर दी
यहाँ भी फ़सलें ख़ुलूस की थीं वहाँ भी मौसम निशात[7] के थे

लहू की इक बूँद ऐ मुज़फ़्फ़र थमी हुई नोके-ख़ार[8] पर थी
उधर फ़ना घात में लगी थी इधर तक़ाज़े हयात[9] के थे

1. श्राप, 2. ख़ुशी, 3. मिलन, 4. अहम्, 5. शत्रु, 6. भेद, 7. मस्ती, 8. काँटे की नोक, 9. जीवन।

सुना है उस तरफ़ इक वादी-ए-पुरख़ार[1] आती है
हमारी आबला-पाई सुबुक-रफ़्तार आती है

मुअल्लक़[2] हो अगर काँटे पे कोई क़तरा-ए-शबनम
तो दिल-दरिया में तुग़यानी[3] हज़ारों बार आती है

पड़ा है अम्न का लश्कर मेरे दरवाज़े के बाहर
खुली खिड़की से घर में ख़ून की बौछार आती है

सितारे आँखों में, ज़ख़्मों में जुगनू टिमटिमाते हैं
मेरे मातमकदे में चाँदनी बेकार आती है

हमें इतनी ज़ियादा मिल गयी पिन्दार[4] की दौलत
कि क़िस्मत का गिला करते हुए भी आर[5] आती है

चलें अब इस ख़राबे में हमारा जी नहीं लगता
यहाँ साया चुराने के लिए दीवार आती है

मुज़फ़्फ़र हम ग़ज़ल कहते हैं इक मख़्सूस लहजे में
परत पड़ती है मअनी में, ज़ुबाँ पर धार आती है

---

1. काँटों की घाटी, 2. लटकी, 3. बाढ़, 4. आत्म-सम्मान, 5. शर्म।

तख़रीब की जानिब उन्हें माइल न किया जाये
.ख़ुद्दारों को संगीनों से क़ाइल न किया जाये

एक ऐसी गुज़रगाह बने आँख से दिल तक
जिस बीच समन्दर कोई हाइल[1] न किया जाये

काँटे तो शगूफ़ों की हिफ़ाज़त के लिए हैं
काँटों से किसी फूल को घायल न किया जाये

सोने का मुलम्मा तो उतर जायेगा ख़ुद ही
ग़म नश्शा ही ऐसा है कि ज़ाइल[2] न किया जाये

सच है कि गवाही की ज़रूरत नहीं सच को
पाबन्दे-बराहीनो-दलाइल[3] न किया जाये

1. रोकना, 2. बेकार, 3. सुबूत-दलील की पाबन्दी।

हमें चुस्तो-नादिर[1] क़वाफ़ी मिले
मज़ामीने-ताज़ा[2] भी काफ़ी मिले

पिरो लीजिए उसको अशआर में
जहाँ कोई जज़्बा इज़ाफ़ी[3] मिले

मज़े से भटकते रहे राहरौ[4]
उन्हें रास्ते इख़्तिलाफ़ी मिले

मिले हामिदी काश्मीरी, मगर
वो तन्क़ीद में इक्तिशाफ़ी मिले

भरोसा किसी पर तो करना ही था
सभी राज़दाँ इन्हिराफ़ी[5] मिले

मेरे यार क्या चाक़ो-चौबन्द हैं
कोई मौक़ा-ए-मूशिगाफ़ी[6] मिले

---

1. नवीन, 2. विषय-सामग्री, 3. जोशीला, 4. यात्री, 5. मुकरने वाले, 6. बाल की खाल निकालना।

मज़ा दे रहा है नया क़ाफ़िया
ये कर्नल मुअम्मर क़ज़ाफ़ी मिले

बहुत हो चुकी शाइरी-वाइरी
मुज़फ़्फ़र मियाँ अब मुआफ़ी मिले

फूल काँटे बिना तो निकलता नहीं
वो अदू[1] से जुदा तो निकलता नहीं

हम भी करते नहीं अब शजरकारियाँ[2]
कोई पौदा हरा तो निकलता नहीं

मुट्ठियाँ खोलकर तुमने अच्छा किया
वरना दुज़्दे-हिना[3] तो निकलता नहीं

दश्त में धूल उड़ाने से क्या फ़ायदा
आपसे रास्ता तो निकलता नहीं

खींच लेते अगर ख़ार होता कोई
दिल का ये आबला तो निकलता नहीं

शह्रयारी का गुर उसको मालूम है
शह्र में कुछ हुआ तो निकलता नहीं

---

1. शत्रु, 2. वृक्षारोपण, 3. मेंहदी का चोर।

फिर ये आहो-बुका[1] हर तरफ़ किसलिए
घर से वो दिलरुबा तो निकलता नहीं

उम्र ही खप गयी रास्ते में तेरे
अब मेरा नक़्शे-पा[2] तो निकलता नहीं

ताज़ा-पर्चों[3] में ग़ज़लें पढ़ीं सैकड़ों
शेर कोई नया तो निकलता नहीं

---

1. रोना धोना, 2. पद चिह्न, 3. पत्रिका।

उस की दहलीज़ पे फ़िरदौसे-बरीं[1] अपनी थी
सर उठाया तो न आँखें न जबीं[2] अपनी थी

ये फ़लक-बोस[3] इमारत हमें पहचाने क्या
इन्हीं अतराफ़ में बुनियाद कहीं अपनी थी

आसमाँ टूट गया हाथ बढ़ाए जो ज़रा
टूटकर जिस पे गिरा है वो ज़मीं अपनी थी

ख़ुश-गुमानी जो हुई चूर तो क्या देखते हैं
तरबतर ख़ून में दीवारे-यक़ीं अपनी थी

चैन उसको भी न आता था मुज़फ़्फ़र के बग़ैर
वो बगूला था जहाँ, ख़ाक वहीं अपनी थी

---

1. स्वर्ग, 2. माथा, 3. गगनचुम्बी।

आ लगी हैं दास्तानें ख़ातमे पर
गुँग लफ़्ज़ों की ज़ुबानें ख़ातमे पर

अव्वलन[1] परचम तले तीरों की बारिश
चार-सू[2] टूटी कमानें ख़ातमे पर

रास्ते में ख़ून का दरिया पड़ा था
और लरज़ीदा[3] चटानें ख़ातमे पर

रोज़े-अव्वल[4] कान में फूँकी गयी थी
फिर सुनाई दीं अज़ानें ख़ातमे पर

सर-ब-सर बेसूद लगती हैं मुज़फ़्फ़र
आसमानों की उड़ानें ख़ातमे पर

---

1. पहले, 2. चहुँ ओर, 3. थरथराती, 4. पहला दिन।

हम ग़रीबों पे जितने सितम ढाएँगे
एक दिन आपके सामने आएँगे

साज़िशें करने वाले मेरे क़त्ल की
राह में फूल भी फेंकते जाएँगे

ख़ून इतना बहाया गया है यहाँ
अब के बादल भी अंगारे बरसाएँगे

आसमानों पे यलग़ार[1] होगी कभी
लोग अपने पे कब तक तरस खाएँगे

पत्थरों को नहीं आईनों से ख़तर
आइने कैसे पत्थर से टकराएँगे

दिल में इतनी कुदूरत न पाला करो
अगली नस्लों को मुँह कैसे दिखलाएँगे

---
1. चढ़ाई।

क़तरे ख़ून के दीदाए[1]-तर में करते क्या
यह बाग़ी वावैला घर में करते क्या

जिस ग़ुन्चे को देखा उसका दामन चाक
हम भी रहकर बालो-पर में करते क्या

छत के नीचे सर कैसे उठ सकते थे
क़ैदी थे दीवारो-दर में करते क्या

जिस बस्ती में सब ख़्वाबों के दुश्मन हों
तारे बोकर उस बंजर में करते क्या

बाग़ उजाड़े, फ़सलें रौंदीं, गर्द उड़ाई
कुछ करना था, और सफ़र में करते क्या

काग़ज़ पर कुछ फूल खिलाए शेरों के
छाले मेरे दस्ते-हुनर[2] में करते क्या

---

1. नयन, 2. कारीगर हाथ।

रेत आँखों में इतनी है कि रो भी नहीं सकता
रोने का असर आप पे हो भी नहीं सकता

ये कह के सितमगर ने मेरे काट दिये पाँव
काँटे तिरी राहों में तो बो भी नहीं सकता

सीने में लगी आग अता-कर्दा[1] है उनकी
बारूद भरी रात में सो भी नहीं सकता

बहती रहे गंगा मेरा इनआम यही है
जो हाथ नहीं हैं उन्हें धो भी नहीं सकता

जलने की क़सम खायी है मिट्टी के दीये ने
तेज़ आँधी का महकूम[2] वो हो भी नहीं सकता

धरती को पसीने की ये बूँदें ही बहुत हैं
खेतों में सितारे कोई बो भी नहीं सकता

पेचीदा[3] हैं इस दौर में मज़मून ग़ज़ल के
मोती से कोई मीर पिरो भी नहीं सकता

---

1. देन, 2. अधीनस्थ, 3. उलझा हुआ।

हज़ारों में से कुछ शम्में[1] बुझा दी जाएँ तो क्या है
मियाँ जी! रौशनी का उस तरफ़ से भी तक़ाज़ा है

कहा तो फ़ोन पर माँ से कि रावी ऐश लिखता है
समन्दर पार मेरा हाल क्या है किसने देखा है

उजाले के नुमाइन्दे[2] नयी तारीख़ लिखते हैं
जलाई हैं कुछ इतनी बस्तियाँ हर सू उजाला है

किया है जिस क़दर महसूस उतनी घुट गयीं साँसें
पढ़ा जितना ज़ियादा बोझ उतना सर पे रक्खा है

सितारे ढालते हैं चाँद-सूरज हम बनाते हैं
हमारे घर में सदियों से अँधेरा-ही-अँधेरा है

तेरे लब के सताइशगर[3] हैं यह जुगनू भी तितली भी
शरर[4] जुगनू के झूटे, तितलियों का रंग कच्चा है

मुज़फ़्फ़र रौंद कर आगे निकल जाऊँगा उसको भी
तेरा शहरे-तमन्ना[5] क्यों मेरे रस्ते में आता है

---

1. दीप, 2. प्रतिनिधि, 3. प्रशंसक, 4. चिनगारी, 5. अरमान नगरी।

ग़म-समन्दर बीच हूँ, रस्ता निकाले
कोई ख़िज़्र आये, कोई मूसा निकाले

चाँद, तारे, फूल, तितली, ओस, जुगनू
रास्ते इज़हार[1] ने क्या-क्या निकाले

दिल से उसकी याद कैसे मह्व[2] कर दूँ
क्यों अँगूठी से कोई हीरा निकाले

उसको भी इक दिन निगल जायेगी धरती
उम्र भर धरती से जो सोना निकाले

पूछिए हमसे कि ख़ुश्क[3] आँखों से अपनी
कैसे रेगिस्तान में दरिया निकाले

दर्द के रिश्ते अदावत से बड़े हैं
आये, काँटे से कोई काँटा निकाले

लाज रख ली इस तरह मज़लूमियत[4] की
सर कटे तो हमने दोबारा निकाले

---

1. अभिव्यक्ति, 2. भुलाना, 3. सूखी, 4. बेबसी।

हमें पता है ख़ज़ीना नहीं निकलने का
तेरे बदन से पसीना नहीं निकलने का

बयाज़ें और किताबें हैं काम आएँ तो
हमारे घर से दफ़ीना[1] नहीं निकलने का

उन्हें न छेड़ियो, ख़ुशबू अगर नहीं दरकार
गुलों से कोई नगीना नहीं निकलने का

तेरी मरीज़ अना पस्तियों[2] में उतरेगी
बुलन्दियों पे ये ज़ीना नहीं निकलने का

कोई भी सिन्फ़े-अदब[3] हो किसी ज़ुबान की हो
कहीं ग़ज़ल-सा क़रीना[4] नहीं निकलने का

किनारा है ये मुज़फ़्फ़र नहीं कोई गिर्दाब[5]
यहाँ से बच के सफ़ीना[6] नहीं निकलने का

---

1. गड़ा हुआ ख़ज़ाना, 2. पाताल, 3. विधा, 4. सलीक़ा, 5. मँजधार, 6. नाव।

ज़ख़्मों का आलम[1] अँगूरी जैसा कुछ
और नमक अपनी मजबूरी जैसा कुछ

नाफ़ा-वाफ़ा मेरे अन्दर ख़ाक नहीं
महका करता है कस्तूरी जैसा कुछ

अब तो तुम भी याद बहुत कम आते हो
जीना लगता है मज़दूरी जैसा कुछ

मरते दम तक दोज़ख़[2] उसके साथ रही
उस ख़ाकी में था तो नूरी जैसा कुछ

सोज़िश[3] बढ़ जायेगी मेरे छालों की
रखते हैं मरहम काफ़ूरी जैसा कुछ

यूँ तो उसने अर्ज़ी कर ली है मंजूर
लहजे में है नामंजूरी जैसा कुछ

---

1. दशा, 2. नर्क, 3. जलन।

कहती है क्या भूखे बच्चे की मुस्कान
ध्यान में आया हलवा पूरी जैसा कुछ

अच्छा अब हम आँखें मूँद लेते हैं
लगता है पैग़ाम ज़रूरी जैसा कुछ

चराग़ अपने सँभालो हवा की ज़द[1] पर हैं
मियाँ कमाल तुम्हारे अना[2] की ज़द पर हैं

बताया चाव से ठण्डी हवा ने कलियों को
कि आप लोग सिनाने-क़ज़ा[3] की ज़द पर हैं

अब उनका माल ही क्या जान भी नहीं बचती
वो रहज़नों[4] की नहीं रहनुमा की ज़द पर हैं

ज़मीन तँग पड़ी मेरे पाए-वहशत[5] को
तो अब ख़लाएँ[6] मेरे नक़्शे-पा[7] की ज़द पर हैं

लतीफ़ा ये है कि बिजली जिन्हें जला न सकी
वो आशियाने नसीमो-सबा[8] की ज़द पर हैं

मदद-मदद, कोई तूफ़ान, कोई मौजे-बला
हमें बचाओ कि हम नाख़ुदा की ज़द पर हैं

इस अहदे-नौ[9] में मुज़फ़्फ़र हमें तो लगता है
कि इर्तिक़ा[10] नहीं, तहतुस्सरा[11] की ज़द पर हैं

---

1. निशाने पर, 2. अहंकार, 3. मौत की बरछी, 4. बटमार, 5. दीवानगी के क़दम, 6. अन्तरिक्ष, 7. पदचिह्न, 8. ठण्डी हवा, 9. नवयुग, 10. उत्थान, 11. पाताल।

प्यार शबनम की बूँदें जताती रहीं
नीम की पत्तियाँ तिलमिलाती रहीं

सच की आवाज़ तो घोंट दी आपने
उम्र भर कान में चीख़ें आती रहीं

सारी छोटी-बड़ी झीलें अपनी जगह
आईने सूरजों को दिखाती रहीं

लोग झूटों पे मोती लुटाते रहे
खोखली सीपियाँ ग़म मनाती रहीं

एक लड़की के अरमान लुटते रहे
और सब लड़कियाँ गीत गाती रहीं

शर्म से डूबने वाला कोई न था
सबने देखा उन्हें, वो नहाती रहीं

क्यों मुज़फ़्फ़र नहीं सो सके रात भर
किसकी यादें तुम्हें गुदगुदाती रहीं

वो मेहरबाँ हुआ तो फ़िज़ा[1] ही बदल गयी
सहराए-जाँ[2] की आबो-हवा ही बदल गयी

दरिया तो बह रहा है उसी आन-बान से
कश्ती में आके मौजे-बला ही बदल गयी

महसूस कीजिए तो बड़ी बात है मियाँ
मंज़िल मिली तो बांगे-दिरा[3] ही बदल गयी

महफ़िल में जाँनिसार कोई एक भी नहीं
तेरी निगाहो-तर्ज़े-अदा ही बदल गयी

चिटकी कोई कली न कहीं तितलियाँ उड़ीं
ये रुत खिले-खिलाए बिना ही बदल गयी

---

1. वातावरण, 2. जीवन का मरुस्थल, 3. कूच का बिगुल।

गिरहबाज़[1] जो था वो पर-बन्द है
ज़माने में कारे-हुनर[2] बन्द है

लहू के निशाने पे हूँ इन दिनों
कई दिन से मेरी शकर बन्द है

तुम्हारे सिवा कुछ नहीं सूझता
कुछ ऐसी मेरी चश्मे-तर[3] बन्द है

अदू[4] अपने शह को घुमाते रहें
हमारे पियादे का घर बन्द है

महीनों से अख़बार देखा नहीं
खुला है कि तौबा का दर बन्द है

जुदाई की रात और उसका ख़याल
पियाली में कुहरा नज़रबन्द है

मुज़फ़्फ़र कई शाइरों के तईं[5]
ग़ज़ल शायरी का कमरबन्द है

1. क़लाबाज़ी खाने वाला कबूतर, 2. कलाकारी, 3. गीले नयन, 4. शत्रु, 5. लिए।

वो हटते थे किनारे से न दरिया पार करते थे
मगर हर बुलबुले हर मौज से तकरार करते थे

न जाने क्यों मेरा घर जल रहा है और वो ख़ुश हैं
यही हमसाए कल तक मुझसे बेहद प्यार करते थे

दिलों में चोर-सा था कुछ कि आदमख़ोर सा था कुछ
न वो इज़हार[1] करते थे न हम इज़हार करते थे

झुलसती रेत में ज़िन्दा गड़े हो क्या हुआ तुमको
तुम्हारे हाथ पर बैअत[2] कभी मँझधार करते थे

हमारी राह में दीवार की मानिन्द हाइल हैं
वो जिनके वास्ते हम रास्ते हमवार करते थे

घने छतनार पेड़ों के लिए मशहूर जंगल में
ज़रा सी छाँव पर पत्ते बहुत पैकार[3] करते थे

मुज़फ़्फ़र क्या हुए वो लोग, दुनिया उनके दम से थी
जिन्हें हासिल न थी क़ुदरत मगर ईसार[4] करते थे

---

1. अभिव्यक्ति, 2. आधीनता स्वीकारना, 3. झगड़ा, 4. बलिदान।

यह चमक ज़ख़्मे-सर से आयी है
या तेरे संगे-दर[1] से आयी है

रंग जितने हैं उस गली के हैं
सारी ख़ुशबू उधर से आयी है

साँस लेने दो कुछ हवा को भी
टूटी-फूटी सफ़र से आयी है

देना होगा ख़िराज ज़ुल्मत[2] को
रौशनी सबके घर से आयी है

नींद को लौटकर नहीं आना
रूठकर चश्मे-तर[3] से आयी है

आपको क्या ख़बर कि शेरों में
सादगी किस हुनर से आयी है

---

1. दहलीज़ का पत्थर, 2. अँधेरा, 3. आँसू भरी आँख।

अब रोज़ यही होना है मातम न करो तुम
मक़्तूल सब अपने हैं मियाँ ग़म न करो तुम

मरने की दुआ माँगने वालों से तो पूछो
जीने का अभी अज़्मे-मुसम्मम[1] न करो तुम

नम आँखों से क्या देख रहे हो मेरी हालत
अज़-राहे-करम[2] आग मेरी कम न करो तुम

जो फूल तरो-ताज़ा हैं नहलाओ उन्हीं को
काँटों को अता क़तरा-ए-शबनम[3] न करो तुम

दुनिया से जो मिलना था वो सब मिल ही चुका है
क्यों दीन को दुनिया पे मुक़द्दम[4] न करो तुम

सर ता-ब-क़दम[5] ज़र्द नज़र आयें मुज़फ़्फ़र
शेरों को अगर ख़ून फ़राहम[6] न करो तुम

---

1. दृढ़ निश्चय, 2. कृपा कर, 3. ओस की बूँद, 4. प्राथमिकता देना, 5. सिर से पाँव तक, 6. प्रदान।

मेरे सच का तेरी ख़ुदराई[1] बुरा मानती है
तुझको दुनिया भी मेरे भाई बुरा मानती है

खिड़कियाँ खोलें तो दर आता है सैलाबे-सदा[2]
बन्द कैसे करें पुरवाई बुरा मानती है

लाइक़े-दीद[3] है हालत मेरे ग़मख़ाने की
चाँदनी छिटके तो अँगनाई बुरा मानती है

यूँ तो जलवे नज़र आते हैं तेरे हर शै[4] में
आईना-बन्दी को यकताई[5] बुरा मानती है

माँद पड़ जाएँगी यादें जो बचा रक्खी हैं
रोना मुमकिन नहीं, तनहाई बुरा मानती है

---

1. अहंकार, 2. शोरो-गुल, 3. देखने योग्य, 4. वस्तु, 5. अद्वैत।

रास्ते निकले मगर मफ़क़ूद[1] होने के लिए
हम सफ़र करते रहे नाबूद[2] होने के लिए

इस्मे-आज़म उसका लौहे[3]-दिल पे कन्दा[4] है तो ठीक
वरना सारी काविशें बेसूद[5] होने के लिए

हम सभी को उसने बालो-पर अता फ़रमाए हैं
आसमानों के तले महदूद[6] होने के लिए

चाहता हूँ उनमें अपने वास्ते कुछ इल्तिफ़ात[7]
उसकी आँखें हैं ख़ुमार आलूद होने के लिए

और फिर इक रोज़ उसने भी किनारा कर लिया
मेरी हर तनहाई में मौजूद होने के लिए

मीर को पढ़िये अगर बंजर में नम दरकार हो
मेरी ग़ज़लें मोम से बारूद होने के लिए

---

1. लुप्त, 2. मिट जाना, 3. पन्ना, 4. खुदा हुआ, 5. बेकार, 6. सीमित, 7. कृपा।

जहाँ ज़मीं है वहाँ आसमाँ भी पड़ता है
ये पर्दा तेरे-मेरे दरमियाँ भी पड़ता है

कोई बताए सफ़ीने जलाने वालों को
कि इक अना का समन्दर यहाँ भी पड़ता है

मज़ा तो आता है मर-मर के ज़ीस्त[1] करने में
कभी-कभार ये सौदा गिराँ[2] भी पड़ता है

हसीन चेहरों पे हम सेंक लेते हैं आँखें
बला से कमनज़री का धुआँ भी पड़ता है

अब इतना ख़ुश भी न हो ढा के चारदीवारें
बदन-फ़सील[3] में इक शहरे-जाँ भी पड़ता है

तेरे निसार, कुछ इतना किया है सर-अफ़राज़
कि सर से नीचे तेरा आसताँ भी पड़ता है

मैं अपनी ज़ात की पेचीदगी से आजिज़ हूँ
इसी में विर्तए[4]-कौनो-मकाँ[5] भी पड़ता है

---

1. जीवन, 2. महँगा, 3. चारदीवारी, 4. चक्कर, 5. त्रिलोक।

मियाँ यही है निज़ामे-हस्ती[1], चलो यहाँ से
वगरना[2] रोना पड़ेगा हनफ़ी, चलो यहाँ से

यही तो होना है एक बेनूर सुब्ह होगी
फिर एक बेकैफ़ शाम होगी, चलो यहाँ से

अब और कब तक मुनाफ़िक़ों से, मुनाफ़िक़त में
बहुत हुआ अब उचट गया जी, चलो यहाँ से

नहीं तो क्यों बालो-पर लरज़ते हैं बेइरादा
गिराया जायेगा ये शजर[3] भी, चलो यहाँ से

हवा चली है हरे दरख़्तों से दुश्मनी की
हमें भी आ लेगी सुर्ख़ आँधी, चलो यहाँ से

न जाने कब आये, उनकी राहत का क्या भरोसा
गले-गले आ चुका है पानी, चलो यहाँ से

यहाँ किसी से छुपा नहीं जिस तरह गुज़ारी
वहाँ कहेंगे कि ख़ूब गुज़री, चलो यहाँ से

---

1. जीवन-नियम, 2. अन्यथा, 3. वृक्ष।

चराग़ अपने हवा देने से पहले
जलाने थे बुझा देने से पहले

मियाँ क्या लाज़मी[1] था ख़ाक उड़ाना
किसी को रास्ता देने से पहले

नसीमे-सुब्ह[2] को आया पसीना
ख़िज़ाँ को बद-दुआ देने से पहले

मिला सकते हो क्या हमसे निगाहें
बग़ावत की सज़ा देने से पहले

मुनासिब है कि पढ़ ली जाये तख़्ती
किसी दर पर सदा[3] देने से पहले

हमारा हारना तय हो चुका था
तुम्हारे हाथ उठा देने से पहले

सख़ी[4] मशहूर थे हम भी मुज़फ़्फ़र
मगर सब कुछ लुटा देने से पहले

---

1. अनिवार्य, 2. ठण्डी हवा, 3. आवाज़, 4. दानी।

बशर के हाथ मता-ए-अज़ीज़[1] आई है
कई हज़ार बरस में तमीज़[2] आई है

हर एक फूल है फ़ानूस की हिफ़ाज़त में
बहार अब के निहायत दबीज़[3] आई है

नहीं, गुलाब पलटकर अभी नहीं आया
लहूलुहान कोई और चीज़ आई है

खड़े हैं धूप के परचम तले दरो-दीवार
समझ रहे थे महल में कनीज़[4] आई है

किसी के आगे मुज़फ़्फ़र ने सिर झुकाया नहीं
न ऊँच-नीच की उसको तमीज़ आई है

---

1. क़ीमती, वस्तु, 2. सभ्यता, 3. मोटी 4. दासी।

शिकस्त[1] उनकी हुई न होगी कि मोर्चों पर अड़े हुए थे
जवान लाशें बग़ैर दफ़नाए ख़न्दक़ों में पड़े हुए थे

वो एक मज़लूम शाहज़ादा कि तशनालब[2] भी था फ़ाक़ा-कश[3] भी
जड़ा था सोने का ताज सर पर, बदन में हीरे गड़े हुए थे

मुक़ामे-इबरत[4] है, आपको भी दिखाई पड़ते हैं पस्ता-क़ामत[5]
हमारे शाने पे बैठकर ही जनाबे-आली बड़े हुए थे

सराब[6] है, आबजू है, क्या है, उधर यह तकरार हो रही थी
बग़ावतों के अलम[7] उड़ाते इधर बगूले खड़े हुए थे

तमाचे बिजली लगा रही है घटाएँ पैहम[8] घुड़क रही हैं
यही है वो आसमान जिस पर कभी सितारे जड़े हुए थे

चमन का वो हौलनाक मंज़र कि बाग़बानों में चल रही थी
दरख़्तों पर चढ़ गयी थी दीमक, तयूर[9] के पर झड़े हुए थे

---

1. हार, 2. प्यासा, 3. भूका, 4. सीखने लायक़, 5. ठिंगना, 6. मृगतृष्णा, 7. झटके, 8. निरन्तर, 9. पक्षियों।

यहाँ अदू[1] के सिवा कौन पूछता है हमें
लहूलुहान सही कुछ नहीं हुआ है हमें

अभी तो सर ही उभारा था हमने दलदल से
पता चला कि समन्दर बुला रहा है हमें

ख़ुशा[2] कि ग़ुंचों को बादे-सबा[3] बुलाती है
बला से लू का थपेड़ा जला चुका है हमें

तुम्हारे ग़म से चराग़ाँ[4] किया है सीने को
कि हर तरफ़ से अँधेरा बहुत मिला है हमें

ख़फ़ीफ़[5] रहते हैं अकसर ज़मीर के आगे
ये तूने कैसे तराज़ू पे रख दिया है हमें

निपट गये हैं मुज़फ़्फ़र पचास-साठ बरस
मज़ाक़े[6]-शेरो-अदब है कि घुन लगा है हमें

---

1. शत्रु, 2. धन्य, 3. ठण्डी हवा, 4. रौशन, 5. लज्जित, 6. शौक़।

मज़े से गिन सितारे छत न हो तो
समन्दर क्या अगर वुस्अत[1] न हो तो

कहा ठण्डी हवा से कैक्टस ने
इधर भी आइयो ज़हमत[2] न हो तो

तुम्हें भी आ गया ख़ैरात करना
कोई फ़ितना सही, आफ़त न हो तो

बहारों में नहीं उठते बगूले
जुनूँ क्या कीजिए वहशत न हो तो

कभी सोचा कि हम किस हाल में हैं
कोई शेर आप की बाबत हो तो

हमारा आसमाँ भी छीन लेते
मगर वो क्या करें क़ुदरत[3] न हो तो

मुज़फ़्फ़र दर्दे-सर है शाइरी भी
किसी हमदर्द की हाजत[4] न हो तो

---

1. विस्तार, 2. कष्ट, 3. ताक़त, 4. आवश्यकता।

ख़बर मिली है कि दरिया भँवर बनाता है
कहाँ है पानी में जो रहगुज़र[1] बनाता है

सुलग रहे हैं यहाँ रेगे[2]-इन्तिज़ार में लोग
कि गर्दबाद[3] किसे हमसफ़र बनाता है

चराग़े-शाम मिटाता है जिस अँधेरे को
चराग़ को तो वही मोतबर[4] बनाता है

हवा थमी है न बरसात को तरस आया
न जाने कब से वो काग़ज़ पे घर बनाता है

अजीब जज़्बा है नफ़रत कि आदमी अकसर
इसी को तेग़ इसी को सिपर[5] बनाता है

छलक न जायें मुज़फ़्फ़र ये क़ीमती आँसू
यही शरारा तो शेरों को तर बनाता है

---

1. रास्ता, 2. रेत, 3. बगूला, 4. भरोसे लायक़, 5. ढाल।

सपाट राहों से इतने बेज़ार हो गये हम
कि गुमशुदा और तेज़ रफ़्तार हो गये हम

मुजादिला[1] घूम-घूमकर ख़ूब कर लिया है
उतारिये चाक से कि तैयार हो गये हम

घुमा फिराकर उसी की बातों से हो गये शेर
उसे तसव्वुर[2] में लाये सर्शार[3] हो गये हम

जिये तो ऐसे कि मौत शर्मिन्दा हो रही है
न आया कोई हुनर तो फ़नकार हो गये हम

वो हम कि कुल कायनात[4] के राज़ जानते थे
मगर ख़ुद अपने लिए पुरअसरार[5] हो गये हम

डुबोने वालों से कोई शिकवा नहीं मुज़फ़्फ़र
मज़ा तो ये है कि डूबकर पार हो गये हम

---

1. जंग, 2. ध्यान, 3. मस्त, 4. ब्रह्माण्ड, 5. भेद भरे।

आग बुझने लगी है दरिया पार
दर्द कर देगा आज बेड़ा पार

इश्क़ में मर के जी गये हम तो
मौत से वर्ना किसने पाया पार

है यही नक़्शा उस तरफ़ यारो
अपनी सरहद कभी न करना पार

तू भी आलाइशों[1] से दुनिया की
फेर ले आँख और हो जा पार

अपने ही ख़ून में नहा लिये हम
आग का दरिया कौन करता पार

उस से मिलकर निजात[2] पानी है
यार बसता है मेरा गंगा पार

---

1. गन्दगी, 2. मुक्ति।

लाज़िम[1] है जीने को साँस
आरे जैसी खींचो साँस

रोज़े-हिसाब[2] सर-आँखों पर
लेकिन गिनकर मत लो साँस

देखो टूट न जाये डोर
दिल से मत उलझाओ साँस

निपटा देंगे आँधी को
क़ाबू में आये तो साँस

आँसू भी नायाब[3] हुए
अब कैसे ठण्डी हो साँस

मंज़िल भी सर कर लेंगे
हम-सफ़रो लेने दो साँस

---

1. अनिवार्य, 2. प्रलय, 3. दुर्लभ।

मैं कि महवे-ख़्वाब[1] था
शह्र में सैलाब था

हम भी चलते ही रहे
हम-सफ़र महताब था

नाव में सूराख़ थे
सामने गिर्दाब[2] था

सतह पर बहते चराग़
फ़ूल ज़ेरे-आब[3] था

हम कहाँ थे दस्तयाब[4]
तू अगर कमयाब[5] था

मेरी ख़ामोशी के गिर्द
नर्ग़ाए-अहबाब[6] था

1. निद्रामग्न, 2. भँवर, 3. जलमग्न, 4. उपलब्ध, 5. दुर्लभ, 6. मित्रों का घेरा।

है मेरे सर पे ताज काँटों का
और दुश्मन समाज काँटों का

आज हम ऐश करने वाले हैं
फ़स्ले-गुल[1] है ख़िराज काँटों का

आबले[2] पाँव में तपकते हैं
पूछना है मिज़ाज काँटों का

पाँव फूलों के दाबते हैं सब
कोई करता इलाज काँटों का

आगे सब कुछ ख़िज़ाँ[3] के हाथ में है
मुल्क फूलों का राज काँटों का

ऐ मुज़फ़्फ़र ग़ज़ल कहो तुम भी
बोल-बाला है आज काँटों का

---

1. बहार का मौसम, 2. छाले, 3. पतझड़।

तक़ाज़ा है क़ज़ा का सिक्कए-हस्ती[1] भुना लेंगे
बहुत होनी को झेला, अब न होने का मज़ा लेंगे

उठाओगे अगर तलवार सीना तान लेंगे हम
जफ़ा से हाथ उठाओगे तो सर अपना झुका लेंगे

हमारी शायरी का सच उन्हें अच्छा नहीं लगता
ज़ियादा-से-ज़ियादा जान लेंगे आरै क्या लेंगे

किनारे आ के लंगर डालने से कुछ नहीं होगा
न मानेंगे तो हम गिर्दाब[2] कश्ती में उठा लेंगे

कभी उनकी जवानी भी तो बेक़ाबू हुई होगी
बग़ावत करने से पहले बुज़ुर्गों की दुआ लेंगे

मुज़फ़्फ़र जाने क्यों जाती रही मिट्टी से वो ख़ुशबू
चलो इक्कासिवीं मंज़िल पे चलते हैं, हवा लेंगे

---

1. जीवन-धन, 2. मँजधार।

सूखी आँखों का पानी है दिल-दरिया में
तुग़यानी[1]-सी-तुग़यानी है दिल दरिया में

रंग छिड़कते रहते हैं अपने शेरों पर
हमने क़ौसे क़ुज़ह[2] तानी है दिल-दरिया में

उलटे झरने-सा आँखों में चढ़ जाता है
अब तक इतनी ज़ौलानी[3] है दिल-दरिया में

महबूबा को हाजी पीर से मिलवाएँगे
हमने ये मिन्नत मानी है दिल-दरिया में

रक़साँ[4] मौजें नाव थिरकती चमचम पानी
आज मेरा दिलबर जानी है दिल-दरिया में

कल तो सबको बहरे-फ़ना[5] में ज़म[6] होना है
बस इक दिन की सुल्तानी है दिल दरिया में

आज मुज़फ़्फ़र हर आँसू में सुर्ख़ी क्यों है
प्यारे दिल की क़ुर्बानी है दिल-दरिया में

---

1. बाढ़, 2. इन्द्रधनुष, 3. रवानी, 4. नाचती, 5. मृत्यु-सागर, 6. मिल जाना।

हज़ारों उधर बहत्तर इधर
यज़ीद उस तरफ़ मुज़फ़्फ़र इधर

वहाँ छतरियाँ मुजस्सम[1] दुआ
उक़ाबों में है कबूतर इधर

जिहालत के सर पे ताजे-गुहर[2]
गुलूए[3]-हुनर पे ख़ंजर इधर

उधर इत्रदान, गुलदान हैं
क़फ़स[4] में हवा मुअत्तर[5] इधर

न वो मुतमइन[6] न महफ़ूज़ हम
क़यामत[7] वहाँ है महशर इधर

प्यासी नदी, हवा आतिशीं
वही हौलनाक मंज़र इधर

तरहदार की अना दरमियाँ
उधर तिश्नगी, समन्दर इधर

---

1. मूर्ति के समान, 2. मोती का मुकुट, 3. गला, 4. पिंजरा, 5. सुगन्धित, 5. सन्तुष्ट, 7. प्रलय।

सभी ग़ुंचों को तितली चाहिए थी
सज़ा बुलबुल को मिलनी चाहिए थी

नमू[1] का शौक़ कर लेते ज़रा-सा
हमें थोड़ी-सी मिट्टी चाहिए थी

हमारे रहनुमाओं को बहर तौर
क़लमदान और कुर्सी चाहिए थी

नशेमन बन गया होता हमारा
मगर ऊपर की मर्ज़ी चाहिए थी

ज़मीं ज़रख़ेज़[2] है लेकिन करें क्या
पनपने को हवा भी चाहिए थी

न करता कजरवी[3] कैसे मुज़फ़्फ़र
पियादे को तरक़्क़ी चाहिए थी

---

1. उत्पत्ति, 2. उपजाऊ, 3. टेढ़ी चाल।

औलाद भी ज़ालिम की दमसाज़[1] नहीं होती
अल्लाह की लाठी में आवाज़ नहीं होती

इख़्लास[2] कहाँ होगा तुम सर्द-मिज़ाजों में
बर्फ़ीली हवाओं में परवाज़ नहीं होती

दिल चीरे हैं ग़ुंचों के पर नोचे हैं फूलों के
हालाँकि कोई तितली शहबाज़ नहीं होती

दम साध के बैठे हैं चौराहों पे सन्नाटे
बन्दूक़ चलाएँ तो आवाज़ नहीं होती

दावत में बहुत झेंपे पैवन्द थे कपड़ों में
ज़ाहिर है कि हर बस्ती शीराज़ नहीं होती

हमअस्रों को ये नुक्ता समझाते हैं अकसर हम
दौलत की गिराँ-बख़्शी एजाज़[3] नहीं होती

1. साथी, 2. ख़ुलूस, 3. सम्मान

नमाज़ को भी चढ़ावा बना के रख दिया है
क़लन्दरी ने मुसल्ला उठा के रख दिया है

किसी की याद से रौशन है क़र्याए[1]-एहसास
चराग़ दिल में हवा से बचा के रख दिया है

न जाने कैसे उसे देखता है आईना
हमें तो एक नज़र ने हिला के रख दिया है

ख़ुलूस यूँ तो हमें भी पसन्द है लेकिन
हज़ारों लागों को इसने मिटा के रख दिया है

इक आँसू शाख़े[2]-पलक से टपक रहा था उसे
सितारे जैसा ग़ज़ल में सजा के रख दिया है

अजीब शय है मुज़फ़्फ़र ये वज़अदारी[3] भी
जिसे जनाब ने इक बुत बना के रख दिया है

---

1. बस्ती, 2. डाली, 3. रख-रखाव।

शर्मिन्दा-ओ-ख़फ़ीफ़[1] जफ़ागर बहुत हुआ
अब क़िस्सा कर तमाम मुज़फ़्फ़र बहुत हुआ

एहसान है ख़िज़ाँ का नवाज़िश[2] बहार की
इस फ़स्ल में सुना है गुले-तर[3] बहुत हुआ

हूँ सर-बुलन्द आज भी ग़ैरों के सामने
वैसे तो सजदा-रेज़ मेरा सर बहुत हुआ

होंटों को सी रखा है तेरे वज़अदारों ने
हरचन्द शोर ज़ात के अन्दर बहुत हुआ

पेशानियों पे फ़र्ते-अक़ीदत[4] से नूर है
शम्एं बुझीं तो ख़ेमा मुनव्वर[5] बहुत हुआ

उसके ख़याल से है रगो-पै[6] में सनसनी
नाफ़े सा हाफ़िज़ा[7] कि मुअत्तर बहुत हुआ

---

1. झेंपना, 2. अनुकम्पा, 3. तरो-ताज़ा फूल, 4. आस्था का जोश, 5. उज्ज्वल, 6. रग-रग में, 7. स्मरण शक्ति।

तमन्ना की हवादारी है सारी
जुनूँ के दम से गुलकारी है सारी

हक़ीक़त है कि मुश्ते[1]-ख़ाक हैं हम
ये मुश्ते-ख़ाक चिनगारी है सारी

वफ़ा के नाम पर जब मिट गये सब
खुला इसमें भी अय्यारी है सारी

किसी को इतना मत चाहो कि मर जाये
ये दिलदारी तो जब्बारी[2] है सारी

ख़ला[3] में हैरती आँखों ने देखा
कि नहर अल्ताफ़[4] की जारी है सारी

मुज़फ़्फ़र शेर कहकर ख़ुश रहो जी
कि शोहरत जिन्से[5]-बाज़ारी है सारी

---

1. मुट्ठी भर मिट्टी, 2. ज़ुल्म, 3. अन्तरिक्ष, 4. दया, 5. बिकाऊ वस्तु।

ऐसा भी चुप रहना क्या
घुट घुटकर दुख सहना क्या

अच्छे ख़ासे फूलों को
पहनाते हो गहना क्या

सख़्त ज़मीं पर देखोगे
दिल-दरिया का बहना क्या

आज बहुत उजला है चाँद
ख़ाकी जामा[1] पहना क्या

सबसे हटकर कहते हैं
हनफ़ी जी का कहना क्या

---

1. वस्त्र।

दिल क्या गुनता रहता है
मुझको धुनता रहता है

"ईंहम रफ़्तो-आंहम रफ़्त"[1]
धुनिया धुनता रहता है

वो काँटे बोता है और
कलियाँ चुनता रहता है

कितना दरिया-दिल है वो
सबकी सुनता रहता है

फ़ितरत[2] से मजबूर जुनून
सपने बुनता रहता है

मेरी ग़ज़लें नाक़िस[3] हैं
वो 'फ़ेलुनता[4]' रहता है

---

1. ये गया वो गया (अमीर खुसरो), 2. प्रवृत्ति, 3. त्रुटिपूर्ण, 4. फ़ेलुन-फ़ेलुन पर आँकना।

इल्ज़ाम कोई यारे-तरहदार पर नहीं
मक़बूलियत ग़ज़ल की गुलूकार[1] पर नहीं

शोहरत की धूप कैसे चढ़ी कब उतर गयी
धब्बा ज़रा-सा भी मेरे किरदार पर नहीं

हाला ये रौशनी का मेरे ज़ख़्मे-सर से है
सेहरा कुछ इस का शिमला-ओ-दस्तार पर नहीं

हम ऐसे वज़अदार भी इस क़ाफ़िले में हैं
जिनको भरोसा क़ाफ़िला-सालार पर नहीं

झुलसा दिया मुझे मेरे अन्दर की आग ने
तोहमत किसी के साया-ए-दीवार पर नहीं

साबित करे कोई कि मुहब्बत भी है गुनाह
बारे-सुबूत[2] तेरे गुनहगार पर नहीं

सबको खटक रही है मुज़फ़्फ़र कुलाहे-कज[3]
नक़्क़ाद[4] मोतरिज़[5] तेरे अश्आर पर नहीं

1. गवैया, 2. प्रमाणित करने का बोझ, 3. तिरछी टोपी, 4. आलोचक, 5. एतराज़ करना।

मत पूछिए कि राह में भटका कहाँ-कहाँ
रौशन हैं मेरे नक़्शे-कफ़े-पा कहाँ-कहाँ

तिरयाक़ अपने ज़हर का अपने ही पास था
हम ढूँढ़ते फिरे हैं मदावा कहाँ-कहाँ

लम्हों के आबशार में इक बुलबुला हूँ मैं
क्या सोचना कि जाएगा झरना कहाँ-कहाँ

तकिये पे महवे-ख़्वाब[1], तहे-तेग़[2] है कहीं
लौ दे रहा है शेर हमारा कहाँ-कहाँ

पर-सोख़ता हैं, रात बड़ी, फ़ासले बहुत
लाखों चराग़, एक पतिंगा कहाँ-कहाँ

साये में बैठने की जगह सोचते हैं हम
पहुँचा नहीं दरख़्त का साया कहाँ-कहाँ

---

1. निद्रामग्न, 2. तलवार के नीचे।

चूड़ी का एक रेज़ा चुभा था कहीं उसे
मैं एक ज़ख़्म चूम रहा था कहाँ-कहाँ

थे हर सदफ़ में अश्के-निदामत भरे हुए
काटे गये हैं दस्ते-तमन्ना[1] कहाँ-कहाँ

इक गर्दबाद[2] है कि मुज़फ़्फ़र मेरी अना
मुझको उड़ाएगा ये बगूला कहाँ-कहाँ

---

1. आरज़ू के हाथ, 2. बगूला।

कौन हमारा सर काटेगा
अपना ही ख़ंजर काटेगा

आवारा बादल बिन बरसे
झीलों के चक्कर काटेगा

लम्बे काले पंखों वाली
जुगनू तेरे पर काटेगा

सोच के नेकी करता है वो
बदले में सत्तर काटेगा

बोने वाले भूल रहे हैं
फ़स्लें तो लश्कर काटेगा

अन्दर वाला, ऊँचे सर को
अन्दर-ही-अन्दर काटेगा

कुछ भी हों दिल्ली के कूचे
तुझ बिन मुझको घर काटेगा

तब्ए-रवाँ[1] है और मुज़फ़्फ़र
पानी से पत्थर काटेगा

1. रचनात्मक सक्रीयता।

फिर बर्फ़ की चोटी से उगी आग मेरे भाई
ज़ंजीर हिलाती है हवा, जाग मेरे भाई

फ़िरदौस[1] की तख़्लीक़[2] में उलझे हैं मेरे हाथ
लिपटा है मेरे जिस्म से इक नाग मेरे भाई

परछाइयाँ दम साधे हुए रेंग रही थीं
गिरते हुए पत्तों ने कहा भाग मेरे भाई

फ़ुर्सत ही किसे है कि सुने प्यार के नग़मात
तूने भी कहाँ छेड़ दिया राग मेरे भाई

आ और क़रीब और क़रीब और क़रीब आ
बाक़ी न रहे और कोई लाग मेरे भाई

कहते हैं दरे-तौबा अभी बन्द नहीं है
इस बात पे बोतल से उड़े काग मेरे भाई

कल तक तो मुज़फ़्फ़र ने ग़ज़ल ओढ़ रखी थी
अब कौन समेटेगा ये खटराग मेरे भाई

---

1. स्वर्ग, 2. निर्माण।

चराग़े-सुब्ह-सा लरजे में हूँ ठण्डी हवा से ही
भड़कता हूँ ख़ुद अपने दिल धड़कने की सदा[1] से ही

ख़ज़ाना कब मिलेगा अस्रे-नौ[2] के सिन्दबादों को
सफ़र के ज़ोम[3] में पत्थर उठा लाये ख़ला[4] से ही

ज़माने में कोई अपना नज़र आता नहीं मुझको
मेरी बेचारगी देखो शिकायत है ख़ुदा से ही

किधर जाऊँ मुझे पहचानने वाले हज़ारों हैं
छठी हिस काँप उठती है निगाहे-आशना से ही

फ़ना के ग़ार से बचकर निकलना ग़ैर-मुमकिन है
तुम्हारे पाँव लग़ज़ीदा[5] रहे हैं इब्तिदा[6] से ही

मुझे गुमराह कहते जाओ लेकिन क़ाफ़िले वालो
ये सारे रास्ते निकले हैं मेरे नक़्शे-पा[7] से ही

सज़ा का ख़ौफ़ तुमको तजरुबों से बाज़ रखता है
ग़ज़ल ने रंग बदला है मुज़फ़्फ़र की ख़ता से ही

---

1. आवाज़, 2. नवयुग, 3. घमण्ड, 4. अन्तरिक्ष, 5. लड़खड़ाते, 6. प्रारम्भ, 7. पदचिह्न।

जितनी मताए[1]-दर्द थी हमने समेट ली
चादर फिर उसके दस्ते-करम[2] ने समेट ली

लाज़िम हैं बर्गो-बार तो लाऊँ कहाँ से मैं
सारी नमी तो दीदा-ए-नम[3] ने समेट ली

चलने में मुनहमिक[4] हूँ मुझे कुछ ख़बर नहीं
कितनी ज़मीन नक़्शे-क़दम[5] ने समेट ली

जब ख़ाकदाने-दिल से रिहा कर दिया गया
सब कायनात आतिशे[6]-ग़म ने समेट ली

शह-रग मेरी खुली थी सख़ी हाथ की तरह
जो बूँद गिर पड़ी वो क़लम ने समेट ली

लोगों के पास दौलते-कोनैन[7] है तो हो
मुट्ठी में रेत मेरे भरम ने समेट ली

बेशक जहाँनुमाई करेगी मेरी ग़ज़ल
जागीर थी कि साग़रे-जम[8] ने समेट ली

---

1. सामग्री, 2. दयालु हाथ, 3. भीगी आँख, 4. जुटा हुआ, 5. पदचिह्न, 6. अग्नि, 7. त्रिलोक, 8. जमशेद का प्याला।

दामन फैलाने से पहले वो भी बह निकला
मैं बेचारा ढूँढ़ रहा था क़तरे में दरिया

टाँग पसारे वो अपने कमरे में लेटा था
उसकी शुहरत घूम रही थी सहरा-दर-सहरा

सारा ख़ून निचोड़ो तब हो ख़्वाहिश की तकमील[1]
नौ मन तेल जुटा सकते हो, नाचेगी राधा

गरदन नीची की तो अपने अन्दर टूटा कुछ
और ऊपर देखा तो कोई तारा टूट गया

इस छन-छन का क्या मतलब है बतला ऐ क़ामूस[2]
आईने से पूछा था ये साया है किसका

क्या चलते घनघोर घटा में सूझ न पायी राह
चारों जानिब दलदल थी जब मतला[3] साफ़ हुआ

ऊपर तारे नीचे पेड़ जमाही लेते हैं
ऊँघ रही है रात मुज़फ़्फ़र अब तू भी सो जा

---

1. पूर्ति, 2. शब्दकोष, 3. क्षितिज।

तारों के चले तीर लगातार हमीं पर
अर्रा के गिरी रात की दीवार हमीं पर

नमरूद करें आग की बौछार हमीं पर
रहमत न कुशादा[1] करे गुलज़ार हमीं पर

आइन्दा के ख़दशात[2] का हर वार हमीं पर
बीते हुए लमहात[3] की यलग़ार हमीं पर

हाँ सीना सिपर हम थे अँधेरों के मुक़ाबिल
चलती रही ख़ुर्शीद[4] की तलवार हमीं पर

हाथों की लकीरों ने बुना जाल हमारा
अपने ही जवाँ ख़ून की फिटकार हमीं पर

मस्तूल पे लहरा के हमीं नाव चलाएँ
बिफरी हुई आँधी की कड़ी मार हमीं पर

---

1. विस्त्रित, 2. ख़तरे, 3. क्षणों, 4. सूर्य।

यारों के लिए हम तो सलीबों से न झिझके
यारों ने मगर खींच दिये दार[1] हमीं पर

चुभती है किरन आ के तो सीने में हमारे
गिरती हुई शबनम है गिराँबार[2] हमीं पर

तख़्लीक़[3] की धुन में कभी सोचा न मुज़फ़्फ़र
बरसाएँगे शोले यही अश्आर हमीं पर

---

1. सूली, 2. बोझल, 3. सक्रीयता।

हर घर सुलग रहा है किधर जाएगा धुआँ
घुट-घुट के अपने आप ही मर जाएगा धुआँ

लब सी दिये गये तो लहू दे रहा है लौ
लौ कट गयी तो ले के ख़बर जाएगा धुआँ

गिरने दो बर्फ़, आग न सुलगाओ इस जगह
दीवारो-दर ख़राब न कर जाएगा धुआँ

इतना भी एहतिजाज[1] से रुकना न चाहिए
वरना तेरे बदन में उतर जाएगा धुआँ

मेरी कुशादगी[2] पे समन्दर करेगा रश्क[3]
मेरी घुटन को देख के डर जाएगा धुआँ

बारूद चीख़ती है अभी कान बन्द रख
पलकें न खोल, आँख में भर जाएगा धुआँ

पैकर[4] तराशता है धुआँ चुप रहो ज़रा
चुटकी बजाओगे तो बिखर जाएगा धुआँ

1. संघर्ष, 2. विस्तार, 3. ईर्ष्या, 4. आकृति।

आँधी, ओले, तूफ़ानों की बातें मत सोचो
अब हमने पर खोल दिये हैं होने दो जो हो

ऊपर-नीचे, आगे-पीछे, आज़ू-बाज़ू रोक
चिन्ता की लछमन रेखाओ, आगे जाने दो

क्यों ओढ़े बैठे हो बीते दिन का पश्चात्ताप
भोर हुए युग बीत चुका है, खिड़की तो खोलो

इस कलजुग में घर की लंका ढानी होगी राम
पहले ख़ुद अपने अन्दर के रावन को मारो

धरती की भी आख़िर कोई सीमा होती है
मेरी फ़ौजों ने तंग आ कर घेर लिया मुझको

पगडण्डी तो हाथ हिलाकर नीचे कूद गयी
पत्थर बन जाने का डर है पीछे पलटे तो

घायल की गत घायल जाने और न जाने कोई
लाया है रूमाल मुज़फ़्फ़र देख कबीरा रो

हम तो ज़िन्दा हैं उजाले को अँधेरा मानकर
तुम भी इस्तेमाल करना रौशनी को छान कर

रात भर आँखों में काँटे की तरह खटका किया
सुब्ह ने ठोकर लगाई मुझको पत्थर जान कर

सोचते हैं क्या करेंगे हम कि थोड़ी देर में
दश्त[1] भी सो जायेगा कुहरे की चादर तानकर

प्यास की शिद्दत से होंटों पर जमी है रेत सी
आबे-दरिया[2] भाग जाता है मुझे पहचानकर

सरहदों पर सर पटकती है मेरी लासम्तियत[3]
वुस्अते-अर्ज़ो-समा[4] मुश्किल मेरी आसान कर

मेरी आँखों में छठी हिस[5] ज़ंग बनकर जम गयी
भाई मेरे जा, किसी आईने को हैरान कर

लफ़्जो-मअनी मिल गये तासीर से जिस रंग में
ऐ मुज़फ़्फ़र ख़त्म है वो रंग तुझ पर आन कर

1. जंगल, 2. नदी का जल, 3. दिशाहीनता, 4. विस्त्रत ब्रह्माण्ड, 5. इन्द्रीय।

शाहरग पर वही दर्द का हात है
आज फिर चाँद की चौदहवीं रात है

कुछ सुबुकसारियाँ[1], कुछ तरहदारियाँ
मेरी बेचारगी में भी इक बात है

शाहे-शतरंज पीछे हटा लीजिए
इस तरह एक ही चाल में मात है

देखते हैं पलटकर जो माज़ी[2] को हम
दूर तक मुन्तशिर[3] गर्दे[4]-हालात है

उसकी पहचान के मुख़्तलिफ़ रूप हैं
आपसे किस तरह की मुलाक़ात है

लामकाँ[5] से परे एक ही जस्त में
यह मेरी गुमराही की करामात है

1. लज्जा, 2. भूतकाल, 3. बिखरी, 4. धूल, 5. अन्तरिक्ष।

कुछ धुँधलका-सा है बस्तियों की तरफ़
कौन जाने धुआँ है कि बरसात है

रक़्स[1] करने लगे क़त्राहाए[2]-लहू
ज़ख़्मे-ताज़ा की ख़ातिर-मदारात है

क्या बताऊँ किसे ढूँढ़ता रह गया
जिस तरफ़ देखता हूँ मेरी ज़ात है

ज़ख़्म बख़्शे गये हैं मुज़फ़्फ़र तुम्हें
सबके दामन में फूलों की सौग़ात है

1. नाच, 2. ख़ून की बूँदें।

आँगन-आँगन धूप कटीली अन्दर-अन्दर छाँव
दरवाज़े से लौट गयी शर्मिन्दा होकर छाँव

सीने के बल रेंग रहे हैं काश हमें मिल जाये
एक हवा का ठण्डा झोंका या मुट्ठी भर छाँव

और करें क्या हम बेचारे साये जैसे लोग
छतगीरी-सी तान रखी है अपने ऊपर छाँव

नख़्लिस्ताँ[1] ने चूस लिया जब मेरा सारा ख़ून
तब मेरे हिस्से में आई काली बंजर छाँव

तस्वीरों ने छोड़ दिये हैं अपने सारे रंग
बादल जैसी डोल रही है मंज़र-मंज़र छाँव

मायूसी के इस जंगल में जायें तो किस ओर
भागी धूप छुड़ाकर दामन लौट गयी घर छाँव

---

1. हरा भरा क्षेत्र।

बन्द किये खिड़की-दरवाज़े घर में बैठा हूँ
सूरज मेरी मुट्ठी में है भटके दर-दर छाँव

सात समन्दर पार खड़ी आईने जैसी धूप
पास लगे पर हाथ न आये ऐसी पत्थर छाँव

शीश चढ़ाऊँ सीने से लिपटाऊँ या रौंदूँ
बावन गज़ का क़द है मेरा हाथ बराबर छाँव

फ़न से उसकी वो निस्बत[1] है जैसे जल में मीन
शेर मुज़फ़्फ़र का पैकर[2] है और मुज़फ़्फ़र छाँव

1. नाता, 2. आकृति।

तख़्त पर बैठते ही ये परचा लगा
तेग़ को भाई का ख़ून मीठा लगा

बेकरानी[1] हमारी निगाहों में थी
जिस समन्दर को देखा वो क़तरा लगा

ख़ैरियत कह के इतना बता दीजियो
डूबता हूँ किनारे से जब आ लगा

मौत आई तो रूमानियत मर गयी
उसका मुखड़ा भी देखा हुआ-सा लगा

वरना बस्ती निगाहों से खा जायेगी
अपने चेहरे पे कोई मुखौटा लगा

सख़्त लहजा मगर बात भीगी हुई
दोस्त का ख़त मुझे शेर अपना लगा

---

1. अनन्त।

गिर पड़ेंगे मुआनी[1], लुग़त तान दे
भाग जाएँगे अल्फ़ाज़[2], चश्मा लगा

फ़ोन से गर्म बातें उबलती हुईं
तार को छू के देखा तो ठण्डा लगा

आड़ी-तिरछी ज़मीनों में फ़िक्रे-सुख़न[3]
ऐ मुज़फ़्फ़र तुझे ख़ूब चस्का लगा

---

1. अर्थ, 2. शब्द, 3. रचना की चिन्ता।

डॉन को बहना था वो बहता रहा
रेडियो कुछ और ही कहता रहा

फूल से जज़्बात[1] मुरझाते रहे
मैं शिनासाई[2] के दुख सहता रहा

रात भर सुनते रहे हम आँख से
चाँद अपनी दास्ताँ कहता रहा

सुर्ख़ियों पर सुर्ख़ियाँ जमती गयीं
ख़ामे[3] और सर से लहू बहता रहा

अब्रे-गौहर-बार[4] ने मारा मुझे
धूप की यलग़ार[5] तो सहता रहा

---

1. भावनाएँ, 2. जान-पहचान, 3. क़लम, 4. मोती बरसाने वाले बादल, 5. चढ़ाई।

खुली आँखों पे रख ले हात, सो जा
बहुत कम रह गयी है रात, सो जा

अभी तो सैकड़ों बातें पड़ी हैं
मगर सौ बात की इक बात, सो जा

जहाँ लाखों सितारे जल-बुझे हों
वहाँ क्या है तेरी औक़ात, सो जा

गिरी फिर बूँद पेशानी[1] पे आकर
मुक़द्दर[2] में है ये बरसात, सो जा

किसे फ़ुर्सत मशीनों के नगर में
सुनेगा कौन ये नग़मात[3], सो जा

तुझे तनहाई का एहसास क्यों है
कि तनहा[4] है ख़ुदा की ज़ात, सो जा

---

1. माथा, 2. भाग्य, 3. गीत, 4. अकेली।

बिल्आख़िर बेहिसी आ लेगी तुझ को
छुपाकर अपने अहसासात[1], सो जा

न सोचो कुछ तो ग़म कोई नहीं है
नहीं तो सैकड़ों आफ़ात[2], सो जा

मुज़फ़्फ़र सुब्ह-दम फिर जागना है
ग़ज़ल पर भेजकर सलवात[3], सो जा

1. भावनाएँ, 2. मुसीबतें, 3. लानत।

पतंग जैसा न था ज़ोर दस्तो-पा[1] में कोई
मगर हमें भी उड़ाता रहा हवा में कोई

बदन के ग़ार[2] में जुगनू-सा क्या चमकता है
छुपा हुआ है कहीं गुंबदे-अना[3] में कोई

तो क्यों फ़ुरात[4] में सुर्ख़ी नज़र नहीं आती
अगर हुसैन है अतराफ़े[5]-करबला में कोई

फ़रेब[6] खाये हैं अपनी तलाश में क्या-क्या
फ़राज़े[7]-तूर पे पहुँचा कोई, हिरा[8] में कोई

हर एक शख़्स मुझे आईना दिखाता है
नहीं है संग[9] मेरे दस्ते-ना-रसा[10] में कोई

लहू की धार पे बहते चले गये सब लोग
क़दम जमा न सका राहे-इर्तिक़ा[11] में कोई

मेरे तईं[12] तो मुज़फ़्फ़र ग़ज़ल, ग़ज़ल ही नहीं
अगर ख़याल न हो नुदरते-अदा[13] में कोई

---

1. हाथ-पाँव, 2. गुफ़ा, 3. अहंकार, 4. नदी का नाम, 5. आस पास, 6. धोका, 7. ऊँचाई, 8. पहाड़ी का नाम, 9. पत्थर, 10. मजबूर हाथ, 11. प्रगति-पथ, 12. लिए, 13. अनोखा अन्दाज़।

सितारा है नेज़ा सँभाले हुए
अँधेरे ज़ुबानें निकाले हुए

उधर रेगज़ारों[1] पे शबनम गिरी
यहाँ मेरे सीने पे छाले हुए

मकीनों का दम घोंटकर रख दिया
मकानात मकड़ी के जाले हुए

खुली छत पे कल चाँद टहला किया
मेरे हाथ में हाथ डाले हुए

हज़ारों बने अहरमन[2] के हदफ़[3]
बक़ीया ख़ुदा के हवाले हुए

मज़े लेके तनक़ीद चट कर गयी
मेरे शेर भी तर निवाले हुए

मुज़फ़्फ़र हमारी नज़र जल-बुझी
बयक-वक़्त[4] इतने उजाले हुए

---

1. मरुस्थल, 2. शैतान, 3. निशाना, 4. एक ही समय में।

बुलन्दियों से जो अपने मकान को देखा
पलट के फिर न कभी आसमान को देखा

तो अपना साथ वहीं छूट जायेगा यारो
अगर किसी ने क़दम के निशान को देखा

उलट-पलट के हर इक ज़ाविये से मौजों ने
क़ुतुबनुमा को कभी बादबान को देखा

लगाये आँख फ़ुराते-सराब[1] से कोई
किसी की तिश्ना-लबी[2] ने कमान को देखा

बताये देता हूँ पत्थर हैं मेरे हाथों में
जिस आईने ने मेरे मेह्रबान को देखा

मेरा शुमार है लग़ज़ीदा[3] संग-मीलों में
ग़ुबार ने मेरी तिरछी उड़ान को देखा

---

1. मृगतृष्णा जैसी फ़ुरात (नदी), 2. प्यास, 3. डगमगाते।

वो क़त्ले-आम जिसे नक़्दे[1]-शेर कहते हैं
ग़ज़ल के बाब में चंगेज़ ख़ान को देखा

ज़मीं है तँग मुज़फ़्फ़र मेरे ज़माने में
सभी बलाओं ने हिन्दोस्तान को देखा

---

1. शेर की आलोचना।

रात कहती है कि अब कौन इधर आएगा
कोई ताबीर[1] न हो, ख़्वाब मगर आएगा

फ़िक्रे-सैलाबे-बला[2] विर्सा-ए-ग़ालिब[3] है मुझे
मैं तो ज़िन्दा हूँ अभी, वो मेरे घर आएगा

आइना बनके न बस्ती में निकलिए साहिब
वरना हर शख़्स तमाशाई नज़र आएगा

अब्र[4] हूँ मैं तो बरसना ही पड़ेगा इक दिन
रेत उलझेगी, बगूला मेरे सर आएगा

एक पतझड़ है कि बरसों से चली आती है
जाने कब शाख़े-तमन्ना[5] पे समर[6] आएगा

रफ़्ता-रफ़्ता वो मेरी बात के क़ाइल होंगे
फूल में बाग़ की मिट्टी का असर आएगा

---

1. व्याख्या, 2. मुसीबतों की बाढ़ की चिन्ता, 3. ग़ालिब की देन, 4. घटा, 5. अरमानों की डाली, 6. फल।

इस क़दर तंग न कर अपने ख़ुदा को दिन-रात
देख माथे पे तेरे सींग उभर आएगा

आमदे-तब्अ[1] बड़ी शय है मुज़फ़्फ़र साहिब
पेशवाई[2] के लिए मिसरा[3]-ए-तर आएगा

1. तबीयत की रवानी, 2. स्वागत, 3. मज़ेदार पंक्ति।

तिलिस्मे-जिस्मो-अदा[1], शोला-ए-सदा[2] क्या था
हवास हों तो बताये कोई हुआ क्या था

बहुत क़रीब था गिर्दाब[3], सोचते कैसे
बुला रही थी हर इक मौज, देखना क्या था

लरज़ रही है मेरी तिश्नगी किनारे पर
कि चश्मे-आबे-रवाँ[4] में ग़ुबार-सा क्या था

कोई दबोच के गहराइयों में लाया है
मुझे ख़बर भी नहीं, बादबान था क्या था

ग़ज़ब किया कि उसे हमसफ़र किया तुमने
ख़ुद आगही से बड़ा पीरे-तसमा-पा[5] क्या था

बजा कि मोम के पुतले पिघल गये लेकिन
क़ुसूर इसमें तेरे इल्तिफ़ात[6] का क्या था

भड़ास जी की बुझानी थी वरना जल-बुझते
ग़ज़ल शिआर[7] न करते तो रास्ता क्या था

---

1. बदन और अदाओं का जादू, 2. दीपक राग, 3. भंवर, 4. बहते पानी की आँख, 5. पैरों से जकड़ने वाला बूढ़ा, 6. कृपा दृष्टि, 7. अपनाते।

ख़ुद से मवाज़ने[1] की जसारत[2] न कर सके
दुनिया में हम किसी से हिक़ारत न कर सके

कुछ एतक़ाद[3] अपने पुजारी से माँग लें
वो देवता जो अपनी ज़ियारत[4] न कर सके

उनके ख़याल में वो कशिश[5] ही नहीं रही
याद आये और सुकून को ग़ारत न कर सके

वो कामयाब हो के भी नाकामयाब है
जो अपनी कोशिशों को अकारत न कर सके

आईना हो रहा था मैं सर से क़दम तलक
पत्थर ही मेरे सर को सुवारत न कर सके

हम पर ख़ुदा के क़हर, कि रहमत का हो नुज़ूल[6]
हस्ती को नेस्ती से इबारत[7] न कर सके

ऐसी ग़ज़ल सुनाओ मुज़फ़्फ़र कि तैश[8] में
रुजअत[9] मुशायरे की सदारत न कर सके

---

1. तुलना, 2. हिम्मत, 3. नफ़रत, 4. आस्था, 5. दर्शन, 5. खिंचाव, 6. प्राप्ति, 7. यथार्थ, 8. आवेश, 9. रूढ़िवाद।

हैरान हूँ कि जाऊँ किधर किस तरफ़ नहीं
चारों तरफ़ है गर्दे-सफ़र किस तरफ़ नहीं

वो फूल चेहरा लोग न जाने कहाँ गये
मेरी धुआँ-धुआँ-सी नज़र किस तरफ़ नहीं

पैरों तले ज़मीन सलामत रहे मेरी
सर पर है आसमान तो घर किस तरफ़ नहीं

हर बर्गे-ज़र्द[1] ख़ुश है यही सोच-सोचकर
इन लाल आँधियों का असर किस तरफ़ नहीं

थम जाइये तो सर पे कड़ी धूप झेलिये
चलिए तो साया-दार शजर[2] किस तरफ़ नहीं

एक आध छींट हो तो नया दौर बेक़ुसूर
ये आस्तीन ख़ून से तर किस तरफ़ नहीं

कोरी निकल न जाये मुज़फ़्फ़र की यह ग़ज़ल
देखो बग़ौर[3] ज़ेरो-ज़बर[4] किस तरफ़ नहीं

1. पीला पत्ता, 2. पेड़, 3. ध्यानपूर्वक, 4. ऊँच-नीच।

कान बजते हैं कि फिर टूट के बरसे बादल
आँख जब सूख रही थी तो कहाँ थे बादल

तीर बरसे जो नज़र क़ौसे-क़ुज़ह[1] पर की है
आग टपकी है जहाँ हमने निचोड़े बादल

मेरा पैग़ाम लिए जाने कहाँ फिरते हैं
लौटकर फिर मेरी बस्ती में न आये बादल

सर लड़ाती रही दीवारों से पागल आँधी
रात भर ढोल बजाते रहे अन्धे बादल

रुख़[2] हवा का था इधर ही को नहीं तो यारो
न चमकते न गरजते न बरसते बादल

मेरे हिस्से में न आई कोई धज्जी, सब लोग
थान के थान लिए जाते हैं काले बादल

तुझको पलकों पे बिठा लेगा मुज़फ़्फ़र हनफ़ी
इस तरफ़ आ मेरे अच्छे मेरे प्यारे बादल

---

1. इन्द्रधनुष, 2. दिशा।

झूठ कहते हो कि ऊँचा है तुम्हारा आसमाँ
इब्तिदा[1] ही से मेरे सर पर नहीं था आसमाँ

घर मिला है जिस्म के जंगल में चौदह साल बाद
जिसमें दो मुट्ठी हवा है हाथ भर का आसमाँ

वो मेरा दिन के समन्दर को बिलोना और ज़हर
रात है, कफ़-दर-दहन[2] हूँ और नीला आसमाँ

खींच लीं मैंने तनाबें[3] वरना बरहम[4] थी ज़मीन
मैं न होता तो ज़मीं पर टूट पड़ता आसमाँ

चार सू[5] हैं सर्द चट्टानें, नुकीली, संगलाख़[6]
हर तरफ़ बेज़ारकुन[7], हमवार[8], भूरा आसमाँ

रेत पर बिखरे पड़े हैं अनगिनत ख़ाली सदफ़[9]
और सर पर मोतियों के थाल जैसा आसमाँ

क्यों मुज़फ़्फ़र किसलिए भोपाल याद आने लगा
क्या समझते थे कि दिल्ली में न होगा आसमाँ

---

1. शुरू से, 2. मुँह में झाग, 3. टेक, 4. नाराज़, 5. चहुँओर, 6. सख़्त, 7. नागवार, 8. सपाट, 9. सीपी।

बढ़ा हुआ हाथ पान जैसा
नज़र में कुछ आसमान जैसा

धुआँ-धुआँ रात, राख ठण्डी
सितारा ऊँची उड़ान जैसा

वो फूल चेहरा, वो तीर आँखें
वजूद टूटी कमान जैसा

अदा अदा बेनियाज़ियाँ-सी
ख़फ़ा-ख़फ़ा मेह्रबान जैसा

बदन में चुमकार गूँजती है
निगाह से बदगुमान जैसा

बयाज़[1] कोरी पड़ी हुई है
वरक़-वरक़ दास्तान जैसा

1. कविता की पुस्तिका।

नगर-नगर मैं भटक रहा हूँ
थका-थका फ़ाहियान जैसा

बशर[1] मुज़फ़्फ़र गुनाह-पैकर[2]
ग़ज़ल का लहजा अज़ान जैसा

1. मनुष्य, 2. पाप की मूरत।

सीने के बल घिसट के सही चल किसी तरह
हाथ आ गया है कूचा-ए-मक़तल[1] किसी तरह

फैला रही है हाथ सितारों की आरज़ू
पैरों को छोड़ती नहीं दलदल किसी तरह

कैसे कहूँ कि रास नहीं आ रहा मुझे
तेरा जहाने-ग़ैर[2]-मुकम्मल किसी तरह

सब उँगलियों से ख़ून टपकता है बूँद-बूँद
अब और क्या है, शम्मे-सुख़न[3] जल किसी तरह

पथरा चुकी है आँख, बदन सर्द हो चुका
रौशन है इन्तिज़ार की मिशअल किसी तरह

माहौल साज़गार नहीं सख़्त है ज़मीन
फिर भी निकालनी तो है कोंपल किसी तरह

तस्लीम कर रही है मुज़फ़्फ़र को मस्लिहत[4]
आता नहीं है बस में यह पागल किसी तरह

1. बली-स्थल, 2. अधूरी दुनिया, 3. काव्य-दीप, 4. दुनियादारी।

यादों के जुगनू उड़ते हैं, शामे-ग़म है
ज़ख़्मों की इक फ़स्ल उगा ले, मिट्टी नम है

पल में रावन, पल में राम, न जाने क्या हूँ
मेरे अन्दर नूरो-ज़ुल्मत[1] का संगम है

झूठे मोती हँसते हैं सच्चे मोती पर
शुहरत में फ़िरदौसी[2] से आगे रुस्तम है

यूँ ही बैठे रहिए फूलों के झुरमुट में
ग़ालिब की मानिन्द अभी आँखों में दम है

नेज़े पर आवेज़ाँ[3] होकर देख रहा हूँ
मेरी सरअफ़राज़ी[4] पर दुनिया बरहम[5] है

पैरों से लिपटी हैं ज़न्जीरें मिट्टी की
हाथों में मुँहज़ोर हवाओं का परचम[6] है

और मुज़फ़्फ़र दुनिया से क्या लेना देना
अब तो ग़ज़लें कहने की भी फ़ुर्सत कम है

---

1. उजाले अँधेरे, 2. कवि का नाम, 3. लटककर, 4. सर उठाना, 5. ख़फ़ा, 6. झंडा।

वह कमरे में आना शब[1] का
फिर पत्थर बन जाना शब का

किलकारी भरते तारों से
बुनता हूँ अफ़साना शब् का

रौशनियों के काँटे चुनकर
छाती से लिपटाना शब का

दिन का गुम्बद गूँज रहा है
टूटा ताना-बाना शब का

शबनम, तारे, पँछी, ग़ुचे
किसने कहना माना शब का

टूटी कश्ती, हम ख़्वाबीदा[2]
साहिल पर थर्राना शब का

1. रात, 2. निद्रामग्न।

आना सूरज का नेज़े पर
सीने में लहराना शब का

और मुज़फ़्फ़र से मत बोलो
वो तो है दीवाना शब का

चार सिम्तें सोचती हैं अब किधर जाता है साया
और चुपके से मेरे अन्दर उतर जाता है साया

धूप ढलने के लिए, सूरज उतरने के लिए है
आदमी साँसें लिया करता है, मर जाता है साया

लौट आया, रास्ते में चाँदनी लेटी हुई थी
मेरे बिस्तर से निकलकर किसके घर जाता है साया

कार्तिक की धूप में इस अब्रे-यक-लम्हा[1] की रहमत
इस तरह तो और कुछ बेचैन कर जाता है साया

चाँद मेरी पीठ पर है, आरज़ू शोरीदा[2] सर है
मैं जिधर जाऊँ तेरी दीवार पर जाता है साया

याद आ जाते हैं जब फ़ुर्सत के लम्हे दोपहर में
जिस्म में ठण्डी हवा, आँखों में भर जाता है साया

ऐ मुज़फ़्फ़र आस का एक आध जुगनू ही बहुत है
रौशनी के दायरे में तो बिखर जाता है साया

---

1. क्षण भर की वर्षा, 2. मुँहज़ोर।

जहाँ दुलहन का सहरा बह रहा है
उसी जमना में मुर्दा बह रहा है

बशर[1] तिनका क़दम कैसे जमाए
समय का तेज़ धारा बह रहा है

नज़र के सामने हरियालियाँ हैं
बदन ज़ख़्मी पसीना बह रहा है

लतीफ़ा है कि डूबेंगे तो सब ही
मगर हर इक अकेला बह रहा है

यहाँ चारों तरफ़ थी रेत-ही-रेत
चढ़ा दरिया तो क्या-क्या बह रहा है

मेरे अन्दर ज़मीनें कट रही हैं
लहू कमबख़्त उल्टा बह रहा है

---

1. मनुष्य।

किनारे रह गये गिर्दाब[1] होकर
अभी जो बादबाँ था बह रहा है

सभी हमअस्र[2] सरचश्मे[3] हुए ख़ुश्क
मुज़फ़्फ़र है कि दरिया बह रहा है

---

1. मँझधार, 2. एक युगी, 3. स्रोत।

तालाब से निकल के समन्दर में आ गया
इस बार सिन्दबाद मेरे घर में आ गया

बेचेहरा गरदनों की शिकायत फ़ुज़ूल है
मासूम हाथ क़ब्ज़ा-ए-ख़ंजर[1] में आ गया

देखा ही था पलट के ख़ला से ज़मीन को
हर क़तरा-ए-लहू मेरे शहपर[2] में आ गया

दरिया के लाख हाथ मुझे रोकते रहे
मैंने लगाम उठाई, बहत्तर में आ गया

ऐसी बुलन्दियों की तमन्ना कभी न थी
ज़र्रा हूँ गर्दबाद[3] के चक्कर में आ गया

सर पर गुनहगार के फेंका नहीं अभी
धब्बा कहाँ से हाथ के पत्थर में आ गया

इस अह्द[4] में जहाँ भी हवा तेज़ो-तुन्द थी
तूफ़ान-सा बयाज़े[5]-मुज़फ़्फ़र में आ गया

---

1. तलवार का हत्था, 2. पंख, 3. बगूले, 4. युग, 5. काव्य-संग्रह।

आते-जाते हरदम टोका करते थे खिड़की-दरवाज़े
झल्लाकर आज़ाद हवा ने तोड़ दिये खिड़की-दरवाज़े

सुनते हैं घूमा करती है बस्ती में आवारा ख़ुशबू
यारो ऐसे में लाज़िम है वा[1] रखिये खिड़की-दरवाज़े

हमसायों से मिलकर मौसम बुनियादों को चाट रहे हैं
दीवारें अन्दर बैठी हैं, बन्द किये खिड़की-दरवाज़े

बाहर जाने की हर कोशिश, मुझको अन्दर ले आती है
सब खिड़की-दरवाज़े, भूल-भुलैया के खिड़की-दरवाज़े

रौशनियाँ दस्तक देती हैं दहशत[2] में लिपटे आते हैं
खिड़की-दरवाज़ों से परदे, परदों से खिड़की-दरवाज़े

बंजारों का काम मुज़फ़्फ़र चलते जाना चलते जाना
क़रिया[3]-क़रिया अपने दामन फैलाए खिड़की-दरवाज़े

---

1. खुले, 2. भय, 3. गाँव।

सहर हो रही थी, हवा तेज़ थी
इधर मेरी लौ भी ज़रा तेज़ थी

कोई आईने में तड़पता रहा
मगर ख़ून की इश्तहा[1] तेज़ थी

वहाँ गुल खिलाने का मौक़ा न था
चुरा लाई ख़ुशबू सबा तेज़ थी

कहीं रौशनी है न कोई चराग़
पतिंगों की यलग़ार[2] क्या तेज़ थी

वही या अख़ी[3] या अख़ी या अख़ी
मुसलसल[4] सदा[5] थी, सदा तेज़ थी

हमारे सफ़र में तो ऐसा हुआ
क़दम सुस्त, बाँगे-दिरा[6] तेज़ थी

---

1. भूक, 2. हमला, 3. मेरे भाई, 4. निरन्तर, 5. ध्वनि, 6. कूच नगाड़ा।

उधर लब, इधर हाथ सुन्न हो गये
तलब थी कि हद से सिवा तेज़ थी

सिसकते रहो तिलमिलाते रहो
मुज़फ़्फ़र सिना[1] से अना तेज़ थी

1. बरछी।

इक़ामत[1] शहर में दिल गाँव में है
बहर सूरत मुसाफ़िर छाँव में है

कोई भी ग़म समा सकता है इसमें
बड़ी वुसअत[2] मेरी आशाओं में है

पुलों के ऐंठने पर कह रहा हूँ
ब्रहुत पानी अभी दरियाओं में है

बड़ी रौनक़ है इन आबादियों में
मगर जो दिलकशी सहराओं[3] में है

सुनो लोगो कि बोसीदा[4] है हर सिम्त[5]
अभी तक मेरा चक्कर पाँव में है

हमें तहरीके-मैनोशी[6] न दीजे
ख़ुदी-सा कैफ़[7] किन सहबाओं[8] में है

ग़ज़ल में वरना यह नुदरत[9] न होती
मुज़फ़्फ़र भी किसी के दाँव में है

---

1. क़याम, 2. विस्तार, 3. जंगलों, 4. क्षीण, 5. दिशा, 6. मदिरा पान, 7. मस्ती, 8. शराब, 9. नवीनता।

ग़म बहुत हों, ख़ुदा कम नहीं है
साँस लें तो हवा कम नहीं है

ख़ुश्क-लब रेगज़ारों से पूछो
ओस का आसरा कम नहीं है

सच कहा है कि दम घुट रहा था
जानता हूँ सज़ा कम नहीं है

क्या ख़लाओं[1] में परवाज़[2] करता
मेरे अन्दर ख़ला कम नहीं है

साँप असली हैं जादूगरों के
वरना मेरा असा[3] कम नहीं है

शौक़ हमको भी था डूबने का
बादबाँ की ख़ता[4] कम नहीं है

---

1. अन्तरिक्ष, 2. उड़ान भरना, 3. लाठी, 4. दोष।

लोग पहले में खोये हुए हैं
दूसरा नक़्शे-पा[1] कम नहीं है

ऐ मुज़फ़्फ़र ग़ज़ल भी न हो तो
रात का जागना कम नहीं है

---

1. पदचिह्न।

बदन की फ़सीलों[1] को मिस्मार[2] कर
लहू जोश खाता है यलग़ार[3] कर

ख़ुदा के न होने पे इसरार[4] है
तो अपनी ख़ुदी से भी इनकार कर

तवक़्क़ो[5] लगाए हैं मँझधार से
पलट आये साहिल से सर मारकर

कहीं कुछ नहीं ज़ख़्मे-सर के लिए
बियाबाँ[6] में दीवार-दीवार कर

छुपा है ग़नीमों[7] का लश्कर वहाँ
ख़ुद अपने गिरेबाँ[8] में दीदार कर

सलीबें इधर हैं, सलाख़ें उधर
शशो-पंज[9] काहे का, इक़रार कर

---

1. चारदीवारी, 2. तोड़ना, 3. हल्ला बोल, 4. अनुग्रह, 5. आशा, 6. मरुस्थल, 7. शत्रु, 8. दामन, 9. असमंजस।

अक़ीदत के बाद आगही[1] की ख़लीज
इसे भी किसी तौर से पार कर

न हाथों में दम था न तलवार थी
मुज़फ़्फ़र क़लम हो गया हारकर

1. चेतना।

सिम्ते-मम्नूआ[1] बुलाती है कहाँ जाते हो
रात उमड़ी चली आती है कहाँ जाते हो

है अजब राह कि बढ़ने नहीं देती आगे
लौटता हूँ तो मनाती है कहाँ जाते हो

रहगुज़ारों ने सदा[2] दी कि वहाँ ख़तरा है
नाव भी धूल उड़ाती है कहाँ जाते हो

खिड़कियाँ गोद पसारे हैं कि आ जाओ ना!
गैलरी आँख दिखाती है कहाँ जाते हो

हर कली फैल गयी दस्ते-ज़ुलेख़ा[3] की तरह
वरना इल्ज़ाम लगाती है कहाँ जाते हो

झील में दायरा-दर-दायरा रक़्साँ[4] किरनें
चाँदनी बीन बजाती है कहाँ जाते हो

ऐ मुज़फ़्फ़र वो ग़ज़ल होंट न खोले फिर भी
हर अदा शेर सुनाती है कहाँ जाते हो

---

1. वर्जित दिशा, 2. आवाज़, 3. ज़ुलेख़ा के हाथ, 4. नृत्यमय।

जला तो कैसे, बुझा कहाँ से
न जाने आई हवा कहाँ से

ये शह्र-दर-शह्र तिश्नगी क्यों
फ़ुरात में करबला कहाँ से

वो सर से पा तक तमाम शोला
उसे कोई चूमता कहाँ से

नुक़ूशे-पा[1] जाल बन चुके हैं
चला है ये सिलसिला कहाँ से

निजात[2] की आरज़ू नहीं की
मुआफ़ होगी सज़ा कहाँ से

ग़ज़ल के हर बाब[3] में मुज़फ़्फ़र
तुम्हारा नाम आ गया कहाँ से

1. पदचिह्न, 2. मुक्ति, 3. अध्याय।

फिर वही सूरत कि मैं नज़रें झुकाकर रह गया
जिस्म के अन्दर फ़रिश्ता फड़फड़ाकर रह गया

जज़्बा है शोरीदा सर[1], दिल तिश्नगी का दश्त है
और असग़र हुरमिला का तीर खाकर रह गया

फिर उड़े ज़ुलमाते-जाँ[2] में दर्द-जुगनू हर तरफ़
आँख में क्या-क्या सितारा झिलमिलाकर रह गया

बाज़गश्तों[3] के नगर में कौन था पुर्साने-हाल[4]
बोलता क्या, होंट दाँतों में दबाकर रह गया

बन्द कलियों से कभी अहवाल मेरा पूछना
मैं कि रोने की जगह भी मुस्कुराकर रह गया

आबे-नीसाँ[5] था सदफ़ की कोख भरनी थी मुझे
मौज थर्रायी, किनारा हाथ उठाकर रह गया

लोग 'दीपक राग'[6] से जलते हैं, जलने थे चराग़
ऐ मुज़फ़्फ़र तू भी क्या ग़ज़लें सुनाकर रह गया

---

1. आक्रोश में, 2. अँधेर नगरी, 3. गुंजन, 4. हाल पूछने वाला, 5. मोती बनने वाला जल, 6. मुज़फ़्फ़र का काव्य संग्रह।

सरसराते हैं यहाँ मारे-क़ज़ा[1] सुनते हो
फिर बुलाता है हमें कोहे-निदा[2] सुनते हो

किस तरफ़ जायें, मुक़फ़्फ़ल हैं दरीचे सारे
दर तक आ पहुँचा है, सैलाबे-बला[3] सुनते हो

तिश्नगी और बढ़ाने के लिए हम सबकी
फिर गरजती हुई आती है घटा सुनते हो

इक सितारा-सा कहीं टूट गया पहलू में
हिज्र की रात ने चुपके से कहा सुनते हो

बज़्मे-अहबाब[4] ने इतना भी न पूछा हमसे
नक़्शे-पा[5] की तरह बैठे हुए क्या सुनते हो

हम ही कुम्हलाए शिताबी[6] से, मगर अब क्या है
दोस्तो! बादे-सबा[7]! बादे सबा! सुनते हो

ये नतीजा है उसे मुहर-ब-लब[8] करने का
तुम जो ख़्वाबों में मुज़फ़्फ़र की नवा[9] सुनते हो

---

1. यमलोक के सर्प, 2. मौत का पहाड़, 3. मुसीबतों की बाढ़, 4. मित्रों की महफ़िल, 5. पदचिह्न, 6. शीघ्रता, 7. ठण्डी हवा, 8. होंठ सी देना, 9. आवाज़।

सोंधी-सोंधी-सी महकार आने लगी
हल चला तो ज़मीं खिलखिलाने लगी

पूछता हूँ कि क्या कह रही थी हवा
चाँदनी रात बातें बनाने लगी

क़र्या-ए-जाँ[1] में है हर तरफ़ रौशनी
दर्द कहता है मेहनत ठिकाने लगी

मुह्र-बर-लब[2] हैं हम क्या बताएँ तुम्हें
ख़ून की बूँद थी जगमगाने लगी

आमदे-सुब्ह[3] में और क्या देर है
अब चराग़ों की लौ टिमटिमाने लगी

इस तरह याद आने से क्या फ़ायदा
जैसे नागिन कहीं सरसराने लगी

आओ लंगर उठाएँ मुज़फ़्फ़र मियाँ
बादबाँ को हवा गुदगुदाने लगी

---

1. जीवन-ग्राम, 2. गुमसुम, 3. भोर होने में।

वो याद आये तो जी से दुआ निकलती थी
हर एक ज़ख़्म से ठण्डी हवा निकलती थी

तेरी तलाश में क्या-क्या न मरहले[1] आये
हर एक राह कहीं और जा निकलती थी

मिला जो साया तो दीवार आ पड़ी सर पर
जहाँ खुला था कोई दर, बला निकलती थी

तमाम नाखुने-तदबीर टूट-टूट गये
मगर जनाब वो ग़म-फाँस क्या निकलती थी

शिकस्ता नाव की पुरसिश[2] को रेगे-साहिल पर
कभी-कभार कोई मौज आ निकलती थी

वो इल्तिफ़ात[3], कि ग़ालिब का शेर दोहराकर
हर इक निगाह, निगह से सिवा निकलती थी

क़दम-क़दम पे मुज़फ़्फ़र खड़े थे कोहे-निदा[4]
हर इक दरीचे से उसकी सदा[5] निकलती थी

---

1. कठिनाई, 2. कुशल मंगल पूछने, 3. अनुकम्पा, 4. मौत के पहाड़, 5. ध्वनि।

जो न महसूस किया हो उसे क्यों कर कहते
वरना आसान था क़तरे को समन्दर कहते

खिल न सकते थे कभी सीने पे ज़ख़्मों के गुलाब
हम जो सूखे हुए काँटों को गुले-तर[1] कहते

ख़ाक होकर भी चमकने से गुरेज़ाँ[2] हैं हम
लोग ज़र्रों को सितारों के बराबर कहते

हम सुबुकसर[3] न हुए अपने लहू के हाथों
जाने क्या दिल में पलटते हुए ख़ंजर कहते

कोई रंजीदा नहीं अक्स[4] गँवाकर अपना
आइना-ख़ानों से ये राज़ भी पत्थर कहते

---

1. तरो-ताज़ा, फूल, 2. बचना, 3. लज्जित, 4. प्रतिबिम्ब।

ख़ुश्क आँखों से निकलकर आसमाँ पर फैल जा
ए गुबारे-आरज़ू ता-हद्दे-मंज़र[1] फैल जा

मोतियों की आबरूएँ लूटने वाले बहुत
सीप के क़ैदी समन्दर-दर-समन्दर फैल जा

यूँ पलक पर जगमगाना दो घड़ी का ऐश है
रौशनी बनकर मेरे अन्दर-ही-अन्दर फैल जा

आ मेरे सीने से लग जा तू अगर सैलाब[2] है
और ख़ुशबू है तो जा बस्ती में घर घर फैल जा

नक़्शे-पा[3] पामाल[4] राहों पर लगा देगा तुझे
रास्ते में गर्द की मानिन्द उड़कर फैल जा

---

1. दृष्टि की सीमा तक, 2. बाढ़, 3. पदचिह्न, 4. घिसे-पिटे।

हमज़ाद[1] नित आईना दिखाता है कि मैं हूँ
फिर कोई लहू में उतर आता है कि मैं हूँ

दरवाज़े पे तहरीर यहाँ कोई नहीं है
अन्दर कोई ज़ंजीर हिलाता है कि मैं हूँ

हर मोड़ पे अपनी ही नफ़ी[2] करते हुए हम
हर सिम्त वो आवाज़ लगाता है कि मैं हूँ

सर पर ये घटा छायी हुई है कि तेरी याद
साया-सा कोई राह में जाता है कि मैं हूँ

हर साँस पे कटने की सदा आती है पैहम[3]
ये तीशा[4] हमेशा मुझे ढाता है कि मैं हूँ

वो बर्फ़ की देवी है न होने के बराबर
हर लम्हा मेरी आग चुराता है कि मैं हूँ

इरफ़ान[5] की ये कौन-सी मंज़िल है मुज़फ़्फ़र
क्यों ख़ुद से भी ये बात छुपाता है कि मैं हूँ

---

1. वैताल, 2. काट, 3. लगातार, 4. बसूली, 5. अन्तरदृष्टि।

मुन्तज़िर था बाग़, खिड़की से मुज़फ़्फ़र देखता
दर्द ने मुहलत नहीं दी, कौन बाहर देखता

ये भी कोई आरज़ू थी, ग़र्क़ हो जाता जहाज़
एक तख़्ता और मैं, बहता समन्दर देखता

मैं सफ़र करता तो सरगरदाँ बगूले की तरह
राह में लेटा हुआ हर नक़्श[1] उठकर देखता

कैसी मजबूरी है उनकी, क्यों पड़े हैं दूर-दूर
आईना पत्थर को, आईने को पत्थर देखता

उसकी नाज़ुक उँगलियों को देखकर तुम ही कहो
किस तरह मैं आसतीं या नोके-ख़ंजर देखता

ख़्वाह[2] कुछ होता, ख़ला[3] में फेंक तो देते मुझे
आसमाँ ख़ुद ही मेरे टूटे हुए पर देखता

ऐ मुज़फ़्फ़र ख़ून जारी हो गया हर आँख से
कौन हर नेज़े पे आवेज़ाँ कटे सर देखता

---

1. चिह्न, 2. भले से, 3. अन्तरिक्ष।

शगूफ़ों में शोशा नया छोड़ दो
कि दामाने-बादे-सबा[1] छोड़ दो

बगूले[2] ने छाती फुलाकर कहा
दरख़्तो! मेरा रास्ता छोड़ दो

हर इक मौज में लाख गिर्दाब हैं
ज़रा बुलबुले को खुला छोड़ दो

चला जाऊँगा दाहिने हाथ पर
भले आदमी अब असा[3] छोड़ दो

महकते रहें फूल अहसास[4] के
मेरा ज़ख़्म यूँ ही हरा छोड़ दो

मुबारक तुम्हें पर्चमो-तख़्तो-ताज[5]
मेरी धूप और बोरिया छोड़ दो

मुज़फ़्फ़र बयासी बरस के हो तुम
बस अब ताकना-झाँकना छोड़ दो

1. ठण्डी हवा का दामन, 2. बवण्डर, 3. लाठी, 4. इन्द्रियों के, 5. राज-सिंहासन-मुकुट एवं झण्डा।

ख़ुश-पोश[1] जामा-ज़ेब तरहदार लड़कियाँ
टीबी के अस्पताल की बीमार लड़कियाँ

लेकिन मेरी सेहत पे कुछ उनका असर नहीं
मेरे भी हाफ़िज़े में हैं दो-चार लड़कियाँ

हर एक हाथ संगे-मलामत[2] लिए हुए
माइल-ब-इल्तिफ़ात[3] समरबार[4] लड़कियाँ

लड़के तो यूँ भी फ़ितना-ए-दौराँ[5] से कम नहीं
लड़कों की हर तरह से मददगार लड़कियाँ

एक आँच की कसर है, बरस जाएँगी कहीं
मासूम, नौजवान, चमनज़ार लड़कियाँ

छोटी-सी इक दुकान, ख़रीदार बेशुमार
हर मोड़ पर मिलीं हमें अय्यार[6] लड़कियाँ

---

1. अच्छी वेश-भूषा, 2. निन्दा के पत्थर, 3. अनुकम्पा करने हेतु, 4. फलदार, 5. दुनिया की आफ़त, 6. धोके बाज़।

हमेशा ही से मेरा पाँव क्या चक्कर में रहता था
बगूलो मत हँसो मुझ पर कि मैं भी घर में रहता था

दुआ दें मेरे हाथों को, मेरी आँखों के बोसे लें
सदफ़[1] की कोख में मोती, शरर[2] पत्थर में रहता था

मैं अपने जिस्म से अकसर अलग रहता था, या हैरत!
वो कोई दूसरा था जो मेरे पैकर[3] में रहता था

रगो-पै[4] में लहू यूँ दौड़ता था जोश खा-खाकर
मुसलसल ज़लज़ला[5]-सा मेरे बालो-पर में रहता था

मेरी दीवार को छूते हुए सैलाब[6] जाते थे
घने जंगल का हर मौसम मेरे बिस्तर में रहता था

लतीफ़ा है कि मेरे क़ब्ज़ा-ए-क़ुदरत[7] में दुनिया थी
तो मेरा हाथ अकसर क़ब्ज़ए-ख़ंजर में रहता था

बदन पर चढ़ गयी दीमक मुज़फ़्फ़र वो भी क्या दिन थे
ज़माने भर का सौदा था कि मेरे सर में रहता था

---

1. सीप, 2. चिनगारी, 3. शरीर, 4. रग-पट्ठों, 5. भूचाल, 6. बाढ़, 7. क़ाबू में।

उम्मीदों पर आयी जवानी
आँगन-आँगन बहता पानी

देख हमारा आग में खिलना
ऐ शर्मीली रात की रानी

अपना जलवा सबमें देखा
हर शै[1] देखी आनी-जानी

कुछ लम्हे लाफ़ानी[2] कर लें
तुम भी फ़ानी हम भी फ़ानी

उसकी आँखों में अमृत है
लेकिन मेरी बात न मानी

सबसे हँसकर मिलना बेहतर
अब ऐसी भी क्या अर्ज़ानी[3]

1. वस्तु, 2. अमर, 3. मन्दी।

आईना मत ले हाथों में
मेरा सानी तेरा सानीं

उर्दू में बस दो शाइर हैं
डेढ़ मुज़फ़्फ़र, आधा बानी

धूप अपनी बर्छियों से कर चुकी है वार हम पर
अब करेगा अब्रे-रहमत[1] ख़ून की बौछार हम पर

आग जिनकी आरज़ू थी, नूर उनके हाथ आया
हम कि साया ढूँढ़ते थे, आ पड़ी दीवार हम पर

आज फिर सीना है छलनी, आज फिर आँखें हैं ज़ख़्मी
आज फिर तारों ने मिलकर बोल दी यलग़ार[2] हम पर

अब तो रातें मेह्रबाँ हों, ख़त्म तर-दामानियाँ हों
ढा रहा है क़ह्र कब से, दीदा-ए-बेदार[3] हम पर

बीच में तलवार जैसी दोमुखी सच्चाइयाँ हैं
तोहमतें[4] इस ओर हम पर, लानतें[5] उस पार हम पर

हमने अपना क़द न बदला, ख़ुदनुमा[6] बावन-गज़ों में
किस तरह अपनी कमन्दें डालते अय्यार हम पर

फूल आँखों में बसाकर चल पड़े हम ऐ मुज़फ़्फ़र
ख़न्दा-ज़न[7] हैं ख़ार हम पर रास्ते गुलनार हम पर

1. दयालु घटा, 2. हल्ला, 3. जागती आँख, 4. आरोप, 5. धिक्कार, 6. नुमाइशी, 7. हँसी उड़ाना।

दुश्मन हमारी घात में बैठा न हो कहीं
जिस पर किरन चमकती है नेज़ा न हो कहीं

शबनम है फूल है कि शरर सोच लीजिए
ख़ुशबू की इस फ़ुरात[1] पे पहरा न हो कहीं

आलम है जाँकनी[2] का मुहब्बत निगाह में
बाला करो सलीब, मसीहा न हो कहीं

छुपकर उसे न देख सभी भाँप जाएँगे
सरगोशियाँ[3] न कर, कोई सुनता न हो कहीं

फेंका गया है फूल जहाँ से रक़ीब पर
तश्वीश[4] है वो तेरा दरीचा न हो कहीं

आ एक बार और गले मिल शबे-फ़िराक़[5]
पलकों पे तेरी सुब्ह का तारा न हो कहीं

कहती है तिश्नगी[6] कि मुज़फ़्फ़र बढ़े चलो
जिसका सराब[7] नाम है दरिया न हो कहीं

---

1. नदी, 2. प्राण त्यागना, 3. कानाफूसी, 4. धड़का, 5. जुदाई की रात, 6. प्यास, 7. मृग तृष्णा।

साज़िशें हो रही हैं घनी रात में
चाँद की जान पर आ बनी रात में

शहर में और सब ख़ैरियत है मगर
दिन में कर्फ़्यू रहा सनसनी रात में

चाँदनी-चाँदनी ख़ौफ़ परछाईं-सा
कारवाँ-कारवाँ रहज़नी[1] रात में

दिन में अहबाब[2] की बेरुख़ी झेलना
और उम्मीद की जाँकनी[3] रात में

चूस लेती है सब कुल्फ़तें[4] धूप की
मेरी ग़ज़लों की तरदामनी रात में

1. बटमारी, 2. मित्रगण, 3. जानलेवा, 4. कष्ट।

कोई मेरा नहीं है, जी से ये धड़का निकल जाये
अगर साथी पलटकर देख लें काँटा निकल जाये

पहाड़ों का सन्देसा ले के जाना है समन्दर तक
मनादी है कि रेगिस्तान से दरिया निकल जाये

दिलासा देने वालो, शुक्रिया, लेकिन ज़रा सोचो
जिसे तुम घर समझते हो, अगर सहरा[1] निकल जाये

सितारे तोड़ने की मेरी ख़्वाहिश तुझसे पूरी हो
दुआ है मेरे क़द से तू बहुत ऊँचा निकल जाये

भली सूरत की वो लड़की निहायत कज-अदा[2] निकली
बिगड़ जाता है मुँह, बादाम अगर कड़वा निकल जाये

जुनूँ आवाज़ दे तो जिस्म की दीवार तोड़ें हम
सफ़र आग़ाज़[3] हो तो पाँव का छाला निकल जाये

कभी ऐसा भी होता है मुज़फ़्फ़र शेर कहने में
कि जैसे हाथ आकर कोई जुगनू-सा निकल जाये

---

1. जंगल, 2. टेढ़ी चाल, 3. आरम्भ।

हमें ललकारने वाले बहुत हैं
हमारे हाथ में छाले बहुत हैं

मुनासिब है कि दिल की बात मानो
तुम्हारे ज़ह्न[1] में जाले बहुत हैं

ठहरना हो तो सूरज एक हीला[2]
मुसाफ़िर को नदी-नाले बहुत हैं

तुम्हीं को सोचना है नेज़ा-बाज़ो
मेरा सर एक है भाले बहुत हैं

सख़ावत से कहा था मस्लिहत[3] ने
कि मुट्ठी बन्द रख प्याले बहुत हैं

अँधेरी रात में जंगल के जुगनू
सहर करने को उजियाले बहुत हैं

मुज़फ़्फ़र ख़ून को जमने न देना
अभी आफ़त के परकाले बहुत हैं

---

1. मस्तिष्क, 2. बहाना, 3. दुनियादारी।

लायक़े-दीद[1] वो नज़ारा था
लाख नेज़े थे सर हमारा था

एक आँधी-सी क्यों बदन में है
उसने शायद हमें पुकारा था

बादबाँ से उलझ गया लंगर
और दो हाथ पर किनारा था

शुक्रिया रेशमी दिलासे का
तीर तो आपने भी मारा था

साहिबो! बात दस्तरस[2] की थी
एक जुगनू था, इक सितारा था

आसमाँ बोझ ही कुछ ऐसा है
सर झुकाना किसे गवारा था

---

1. देखने योग्य, 2. पहुँच।

अब नमक तक नहीं है ज़ख़्मों पर
दोस्तों से बड़ा सहारा था

आप मंसूब हैं मुज़फ़्फ़र से
फूल ख़ुशबू का इस्तआरा[1] था

1. सिम्बल।

ख़ंजर को नियाम दे सको तो
और इज़्ने-कलाम[1] दे सको तो

बेनाम-सी इक ख़लिश[2] है दिल में
तुम ही कोई नाम दे सको तो

इनआम है नफ़्से-मुत्मइन्ना[3]
ख़्वाहिश को लगाम दे सको तो

ये काम भी कुछ बुरा नहीं है
बेकारों को काम दे सको तो

ऐ चाँद के हमसफ़र सितारो
मेरा भी सलाम दे सको तो

मतलूब है आश्ती का पैग़ाम
शोरा-ए-किराम[4] दे सको तो

पासंग है दो जहाँ मुज़फ़्फ़र
दो जुरआ[5] के दाम दे सको तो

---

1. अभिव्यक्ति की अनुमति, 2. कसक, 3. आत्मसन्तोष, 4. कविगण, 5. घूँट।

पीछे पलट के गर्दे-सफ़र देखते हो क्या
बैठा नहीं ग़ुबार उधर देखते हो क्या

गिरता है आसमान, सँभालो ज़मीन को
आओ इधर लगाओ कमर देखते हो क्या

हर बामो-दर में पाँव पसारे हुए है रात
दीवार पर नविश्ते-सहर[1] देखते हो क्या

पर्चम है एहतिजाज[2] का ज़ख़्मी के हाथ में
तुम अपनी ख़ामोशी का असर देखते हो क्या

फ़ौलादो-संग मिल के बनाते हैं आशियाँ
कट जाएँगे तमाम शजर[3] देखते हो क्या

देखो कि सीना ताने खड़ा है वो शाहकार
मेरे बुरीदा दस्ते-हुनर[4] देखते हो क्या

सजदे में सर कटाते हुए पूछा बाप ने
नेज़े पे चढ़ के लख़्ते-जिगर[5] देखते हो क्या

---

1. सवेरे का सन्देसा, 2. संघर्ष, 3. वृक्ष, 4. कटे हुए हुनरमन्द हाथ, 5. जिगर के टुकड़े।

घुप अँधेरों में दीये आशाओं के
हाथ बच्चों के सरों पर माँओं के

आबलों[1] से चूर सर पर आसमान
रात भर चुनता है काँटे पाँवों के

वो चटानें काटते हैं और मैं
काटता हूँ रास्ते दरियाओं के

तू मेरी दुखती रगों का आशना[2]
तोड़ मेरे पास तेरे दाँवों के

जिस्म पर नक़्शा झुलसती धूप का
आँख में कुछ ज़ख़्म ठण्डी छाँवों के

मुबतिला[3] है शहर भर आसेब में
सब्ज़ पत्ते लाओ मेरे गाँवों के

रेत की सौग़ात लाया गर्दबाद[4]
फिर सलाम आने लगे सहराओं के

---

1. छाले, 2. परिचित, 3. संकट में पड़ना, 4. बवण्डर।

रंगीं जालों में नज़रों को उलझाता है कौन
शबनम की चिलमन के पीछे मुस्काता है कौन

किसने छेड़ रखी है आख़िर लहरों की ये तान
झरने के संगीत में घुल-मिलकर गाता है कौन

जब ख़ाली बिस्तर लगता है काँटों का इक ढेर
किरनों-सा परदों से छनकर आ जाता है कौन

फूलों की पँखुड़ियों से जब मन करता है बात
कोमल कोमल टहनी में ये बल खाता है कौन

जंगल की सरगोशी जैसे लोरी ख़्वाहिश को
तपते सहरा पर ये बादल बरसाता है कौन

चिड़ियों की चहकार से इतने भोलेपन के साथ
हँस-हँसकर कानों में अमृत छलकाता है कौन

वो कहती है और किसी को अपने शेर सुना
तेरी चिकनी चुपड़ी बातों में आता है कौन

सातों ही आसमान पुकारे अभी नहीं
गदराए तक नहीं ये सितारे, अभी नहीं

दो चार हाथ और कि मँझधार पास है
ख़ुद हमको ढूँढ़ लेंगे किनारे, अभी नहीं

वादी में गूँजती है सदा और इक क़दम
ऊपर से हो रहे हैं इशारे अभी नहीं

गिरवी रखा है सर तो भला सोचते भी क्या
कैसे लिखें कि हाथ हमारे अभी नहीं

है जिस्म पारा-पारा[1] मगर गर्म है लहू
नेज़े पर सर बुलन्द हैं, हारे अभी नहीं

पहले ज़रा हिसाब चुका लूँ ज़माने से
मरना तो एक रोज़ है बारे[2] अभी नहीं

बे-सोचे सच न बोल मुज़फ़्फ़र के साथ-साथ
कुछ और सोचकर, मेरे प्यारे अभी नहीं

□□

1. टुकड़े-टुकड़े, 2. परन्तु।